Todos los libros de Linkgua Ediciones cuentan con modelos de Inteligencia Artificial entrenados por hispanistas. Pregúntale al chat de tu libro lo que desees acerca de la obra o su autor/a.

Para ebooks: Accede a nuestro modelo de IA a través de este enlace.

Para libros impresos: Escanea el código QR de la portada con tu dispositivo móvil.

Obtén análisis detallados de nuestros libros, resúmenes, respuestas a tus preguntas y accede a nuestras ediciones críticas generativas para una experiencia de lectura más enriquecedora.
La transparencia y el respeto hacia la autoría de las fuentes utilizadas son distintivos básicos de nuestro proyecto. Por ello, las respuestas ofrecen, mediante un sistema de citas, las fuentes con las que han sido elaboradas.

Francisco de Frías y Jacott

Contestación a varios artículos sobre la Isla de Cuba publicados en el Diario de Barcelona

Barcelona 2024
Linkgua-ediciones.com

Créditos

Título original: Contestación a varios artículos sobre la Isla de Cuba publicados en el Diario de Barcelona.

e-mail: info@linkgua.com

Diseño de cubierta: Michel Mallard.

ISBN tapa dura: 978-84-9953-965-2.
ISBN rústica ilustrada: 978-84-1126-795-3.
ISBN ebook: 978-84-9953-965-2.

Sumario

Contestación a varios artículos sobre la Isla de Cuba publicados en el Diario de Barcelona

Ha visto la luz pública en el *Diario de Barcelona* una serie de artículos con diversos encabezamientos, pero encaminados todos a tratar de la situación y del gobierno de la Isla de Cuba. Fueron inspirados, a lo que parece, estos trabajos por la aparición de un folleto en lengua francesa con el título de: *La Cuestión de Cuba*, que no ha muchos meses se publicó en esta capital.

Nosotros que ninguna parte tuvimos en la redacción de ese folleto, que no estamos conformes con algunos de los puntos de vista, ni con ciertas tendencias que en él se manifiestan, no hemos podido ver con indiferencia la manera brutal y la insigne mala fe con que de él se da cuenta en las columnas del diario barcelonés, ni menos aun sufrir en silencio los ataques con que allí se pretende vulnerar la santa causa de un pueblo esclavizado que aspira a romper sus cadenas. Venimos, pues, a rechazar en nombre de éste insultos y agresiones, y si nuestro lenguaje pareciere severo en demasía, téngase presente que la honra y dignidad de un pueblo escarnecido no tienen fueros ningunos que guardar a la personalidad de quien así le ultraja y hiere en lo más vivo de sus sentimientos.

El señor E. Reynals y Rabassa que firma esos escritos es un abogado ilustrado y liberal de Barcelona, según se nos ha escrito. También es catedrático de derecho en la Universidad y secretario del Ayuntamiento de esa ciudad. Cómo se sostengan estos títulos y aquellas calificaciones lo vamos a ver en el curso de esta contestación, que naturalmente deberá resentirse de falta de trabazón y de plan lógico, como que ni plan lógico ni trabazón se advierte en los artículos que nos proponemos combatir. Y si fuera esto solo, si no tuviéramos que señalar infinitas contradicciones en esos artículos, suposiciones y falsedades en que abundan, nuestra tarea, si bien ingrata por lo desordenada e incorrecta que tiene por fuerza que ser, fuera a lo menos corta y más concluyente.

Pero tiempo es ya de entrar en materia afirmando y probando, para no seguir el ejemplo de quien rehuye las pruebas a la vez que se complace en las afirmaciones. Veamos el primer artículo del señor Reynals que lleva por epígrafe: *La Isla de Cuba*.

I

Empieza el escritor diciendo «que la cuestión de Italia y las complicaciones que en lontananza ven algunos le recuerdan un compromiso que tiene pendiente con sus lectores». Este compromiso es «el de emitir su juicio sobre la Isla de Cuba».

Muy loable es sin disputa alguna esto de satisfacer los compromisos contraídos, pero es el caso que el señor Reynals promete ahora de nuevo y tampoco cumple, pues que después de algunas consideraciones introductorias se lanza a dar cuenta del folleto: *La Cuestión de Cuba*, que de todo tendrá menos el juicio del señor Reynals sobre la Isla de Cuba.

Verdad es que esto puede explicarse por el temor que, según el dicho del señor Reynals, le había arredrado hasta ahora, «el de no acertar a decir sino lo justo y lo conveniente». Permítanos el escritor catalán que le señalemos la anfibología en que incurre al expresarse así, dando lugar a que se crea que el señor Reynals había callado hasta ahora por temor de encerrarse dentro de los límites «de lo justo y de lo conveniente», y que rompió el silencio tan luego como consideró que podía y debía salvar esas barreras. Nosotros esperamos demostrarle que no solo se extralimitó de lo justo y de lo conveniente, sino que se metió de lleno en el campo de lo contradictorio y de lo absurdo.

Hechas estas salvedades, y al señor Reynals «no le gusta hacerlas sino cumplirlas», (¡entienda esto quien pudiere!) nos dice el escritor «que cada vez que surge una cuestión europea o que se trata de dar a las nacionalidades naturales la forma jurídica que les corresponde, como en la guerra que ensangrienta los campos de Italia; ya se hable de derecho natural constituido, ya de derecho internacional constituyente, se vuelve instintivamente los ojos a la Isla de Cuba, etc.,

&c». ¿Cómo así, señor catedrático de derecho? Pues ¿no es usted quién va a decir luego y repetir a saciedad en todos sus artículos que no hay paridad ninguna que establecer entre la cuestión italiana y la cuestión cubana; que en aquélla hay nacionalidad y que ésta no la tiene; que los congresos y arreglos internacionales nada tienen que hacer con referencia a la Isla de Cuba, propiedad legítima y soberana de España; que toda analogía cesa cuando se quiere comparar la una cuestión con la otra? O nosotros somos unos topos, o de estas afirmaciones se desprende necesariamente una de dos cosas: o que cuando de Italia, de nacionalidades y de intervenciones diplomáticas, se trata no hay motivo alguno «para que los ojos se vuelven instintivamente a Cuba», o que si se vuelven a nuestro pesar es porque existe la paridad o la analogía que con tanto empeño niega el señor Reynals. Salga si puede el escritor de este dilema en que él mismo se ha encerrado.

Entra luego en materia el articulista diciendo «que en el diluvio de folletos sobre varias cuestionas internacionales que ha descargado en París antes y después de haber estallado la guerra, han querido también terciar las plumas criollas, que han publicado un folleto con el título de: *La Cuestión de Cuba*, para denunciar a la Europa que allí en la Isla de Cuba hay unos cuantos blancos criollos que no tienen participación en la formación de las leyes que los gobiernan; que hay una raza negra opuesta a ellos y que están los susodichos blancos dispuestos a unirse a los Estados Unidos a fin de libertarse del yugo de los españoles».

Nosotros respondemos a esto que la mala fe del señor Reynals, al condensar toda la significación del folleto en las proposiciones que hemos trascrito, solo puede compararse en intensidad con la supina ignorancia que hasta ahora ha prevalecido entre los escritores europeos al tratarse de las cosas de Cuba. Para colocar la verdad en su lugar es que se escribió ese folleto: en él, después de manifestarse los groseros errores estadísticos en que incurren los publicistas extranjeros al hablar de la población de la Isla de Cuba, se demuestra con documentos quién es y con qué viles fines el que allí sostiene y perpetúa el tráfico y la esclavitud de los negros, quién y con qué depravado objeto el que mantiene en el país la más afrentosa e insoportable degradación política, quién el que con sus desaciertos y sus crímenes ha provocado una revolución en Cuba, revolución comprimida hasta ahora por las bayonetas, pero vivaz y persistente, y que para la Europa se ha complicado con la ayuda moral y material que le promete una nación vecina, potente cuanto ambiciosa. Refutar estos asertos y los datos en que se apoyan, demostrar siquiera la falacia de las consecuencias internacionales que exponen los autores del folleto, habría sido por parte del señor Reynals obra meritoria, ya que de dudosa sino imposible éxito; pero desfigurar ese trabajo o resumirlo en las frívolas proposiciones a que nos hemos referido, prueba una insigne mala fe, y el indigno propósito de mantener la impostura, única arma que hasta ahora esgrimieron con provecho los apologistas de la dominación española en Cuba. Si somos nosotros los que falseamos la verdad, si el folleto no encierra más que las miserias que dice su impugnador, si las consideraciones que en él se desenvuelven no elevan la cuestión cubana a la altura de una cuestión internacional, ¿querrá explicarnos el señor Reynals por qué se ha tomado el trabajo de combatir sus tendencias y sus deducciones en esa serie interminable de artículos con que ha amenizado las columnas del *Diario de Barcelona*?

Pero hay algo más grande todavía que la mala fe del señor Reynals, a saber, su inconsecuencia y sus contradicciones. Oigan, si no, nuestros lectores y asómbrense: es nada menos que la refutación anticipada que hace el señor Reynals de cuanto va a decir más adelante acerca de los verdaderos sentimientos de los cubanos, según los expone el folleto, y de las ideas de independencia que agitan al país. He aquí como se expresa el señor Reynals trascribiendo las palabras de otro escritor:

> Cuando fui enviado aquí (isla de Cuba) por mi gobierno en 1826, dice Mr. Lobé en su sensatísimo e imparcial folleto titulado: *Cuba*, hallé en realidad un mismo espíritu público; que los criollos aborrecen *in petto* a su vieja madre España, y que esperan la suprema felicidad de declararse independientes a la faz del ciclo.

Agrega más adelante el señor Reynals de propia cosecha estas palabras:

> Sin apelar a autoridades extrañas hay aquí en Barcelona a centenares personas que pueden manifestar si son poco vivos los sentimientos de emancipación de nuestros hermanos de América.

De manera que no solo es el folleto combatido por el señor Reynals el que testifica de esos sentimientos de los cubanos, sino también Mr. Lobé, un cónsul extranjero cuyo escrito se califica de «sensatísimo e imparcial», y centenares de personas residentes en Barcelona que todos concuerdan en el vivísimo deseo que tienen los cubanos de emanciparse de la dependencia de España.[1] Siendo esto así, ¿cómo es que el mismo señor Reynals va luego a decirnos y a repetir a cada

1 Como el señor Reynals, a pesar de haber invocado la autoridad del *sensatísimo* e *imparcial* Mr. Lobee, y de centenares de catalanes en Barcelona, se muestra luego vacilante y aun negativo respecto de los verdaderos sentimientos de los cubanos, no nos ha parecido fuera de lugar el consignar aquí algunas otras autoridades que acaso acaben de disipar sus dudas y cavilaciones. Traducimos a continuación trozos de un escrito publicado recientemente en París (15 de abril de 1859) en *La Revue Contemporaine*, revista periódica que nadie podrá acusar de revolucionaria. Dicen así:
«La ambición de los Estados Unidos no constituiría un peligro serio para España, si esa ambición no tuviese auxiliares en la misma Cuba. Este asunto que abordamos es delicado, pero hoy día el verdadero peligro para los gobiernos consiste en cerrar los ojos a la verdad. ¡Cuánto más vale mirarla frente a frente y obrar después de un maduro examen!
Tiempo ha que los criollos de esa Isla son hostiles al gobierno de la metrópoli. Mientras que residen en el país, el temor les impone mucha prudencia y reserva, pero en sus viajes al extranjero dan libre curso a sus quejas, y sus palabras de descontento son acogidas por los americanos como otras tantas prendas de un próximo levantamiento. En efecto, todos los viajeros que han visitado a Cuba reconocen la exactitud de los agravios expuestos por los criollos. Abundan los testimonios en apoyo de esta verdad, y sin limitarnos a los de los americanos, que podrían parecer sospechosos, haremos ver que los viajeros ingleses y franceses que en esto últimos tiempos han estado en la Isla, concuerdan en la misma opinión.
M. W. C. Bryant, uno de los poetas más eminentes de los Estados Unidos y distinguido publicista, hizo un viaje en 1849 con el objeto de estudiar las Antillas. La Isla de Cuba, sobre todo, le mereció un examen particular, y su testimonio tiene tanto más peso, cuanto que, a pesar de pertenecer al partido democrático, se ha mostrado hasta hoy adversario de la anexión. Después de dar a conocer el estado político y social de la Isla, hace la siguiente apreciación: «Es indudable que los criollos verían con la mayor satisfacción la anexión de Cuba a los Estados Unidos: muchos de ellos lo desean ardientemente. Esta anexión les quitaría de encima las graves cargas que los oprimen, abriría su comercio al mundo, los libertaría de un gobierno tiránico, y les permitiría administrar sus propios negocios. Pero España saca demasiado provecho de la posesión de Cuba para querer renunciar a ella. Ésta le produce una renta de doce millones de *dollars*. Allí es donde envía el gobierno a sus nobles arruinados y a todos aquellos a quienes quiere enriquecer, reservándoles todos los empleos lucrativos. Los periodistas, los oficiales, las au-

paso que semejantes ideas no tienen cabida más que en el cerebro de unos pocos jóvenes atolondrados y parodiadores

---

toridades civiles, los magistrados, los empleados de la administración todos vienen de España...». (*Letters of a Traveller*, by W. C. Bryant.)

«Un caballero inglés, distinguido por su educación y provisto de buenas cartas de recomendación, pasó seis semanas recorriendo la Isla en 1850. Parece ser que los habitantes le confiaron sus sentimientos, los que vio en un todo confirmados por sus observaciones personales. He aquí lo que escribe: "Muchos de los ricos propietarios de la Isla están dispuestos a llamar a sus vecinos del Norte; los retrae, sin embargo, el temor, pero todos prevén que el estandarte español no está destinado a tremolar por mucho tiempo todavía sobre la reina de las Antillas. Muy pocos son entre los cubanos los que sentirían este cambio o desearían estorbarle. De aquí resulta que están animados de odio contra sus hermanos de la metrópoli, y que en caso de lucha pensarán mucho menos en el peligro que en el deseo de su independencia"». (A *Journey to California through the United States*. Londres 1830)

«M. W. E. Baxter, miembro del Parlamento inglés, visitó a Cuba en 1854. En la relación de su viaje consagra un extenso artículo a la Isla y dice: «Cuba sirve hoy de vaca de leche a la madre España, quien saca anualmente de ella para su tesoro un millón de libras esterlinas. Todos los empleos son desempeñados por españoles indolentes que van allá a pasar algunos años con el firme propósito de robar, pillar y hacer fortuna favoreciendo la importación secreta de negros... Los criollos abrigan un odio violento contra la dominación española. Los americanos miran a Cuba con una ambición ardiente. La quieren como mansión para sus enfermos, como Estado tropical para la Unión, como la llave del golfo de México. Si se apoderan de ella es bien seguro que entre sus manos se trasformará dentro de muy pocos años. ¿Qué interés puede tener la Inglaterra en oponerse a una adquisición tan claramente indicada por la naturaleza y el destino?» (*America and the Americains*, by W. E. Baxter, Esq. M. P. Londres, 1855)

«Hay en las palabras del honorable miembro del Parlamento expresiones demasiado duras, y seguramente injustas si pretende aplicarlas a todos los españoles en general; pero hemos debido traducirlas fielmente. Un académico de conocida ciencia y sagacidad, Mr. Ampère, habla extensamente de Cuba en sus *Promenades en Amérique*, obra publicada ha pocos años. Un corto extracto bastará para nuestro propósito: «Hay entre españoles y criollos una enemistad irreconciliable. Los cubanos no quieren ser españoles y no se consideran como tales. El descontento domina en todas las clases: todas concuerdan en sus quejas contra la dominación española».

Durante nuestra permanencia en los Estados Unidos tuvimos oportunidad de conocer la opinión de los hombres más ilustrados. Nos limitaremos a solo dos citas. Uno de los hombres más distinguidos de Cuba, rico propietario, enlazado con las principales familias de Cuba y que todos los años va a pasar algunos meses a Nueva York, nos decía en 1853, después de una larga conversación: «La España no conoce al parecer otro principio ni medio de gobierno que el espionaje, los calabozos, las confiscaciones, los impuestos más onerosos y la más excesiva arbitrariedad. ¿Puede esto durar mucho tiempo? Con los americanos todos estos males desaparecerían, y a vuelta de pocos años nuestras propiedades duplicarían de valor».

En 1855 tuvimos una detenida conversación con un colono francés, ya anciano, pero hombre de buen sentido y moderado, quien nos dijo al terminar: «Tenemos en la actualidad un Capitán General íntegro e ilustrado. Nuestra condición es seguramente mejor que antes; pero ¿cuál será el porvenir? Veo con dolor que España no conoce más que las viejas tradiciones de gobierno, las mismas que le arrebataron sus antiguas colonias. Ella no tomará jamás la iniciativa de reformas y de concesiones que el tiempo ha hecho necesarias. ¿Esperará ella a que las revoluciones le den una nueva lección? Soy ya viejo y no tomaré parte en nada, porque quiero morir tranquilo; pero en vista del sesgo que han tomado las cosas, y de la ambición de los americanos, no me sorprendería el asistir a un gran cambio. ¡Qué buena inspiración tendría España, si adoptase algunas reformas serias que le devolviesen la adhesión de los habitantes de Cuba! Pero, no haya miedo, ella me trataría como un faccioso a mí y a cuantos enunciasen en alta voz semejante opinión. Y, sin embargo, las reformas cuestan mucho menos que las revoluciones».» (*Revue Contemporaine* du 15 avril 1859. Article: *La Question de Cuba*).

He aquí ahora como se expresa una ilustre viajera sueca en una carta dirigida desde Cuba en 1851 a S. M. la Reina viuda Carolina-Amelia de Dinamarca:

«Esta Isla es también un campo de batalla entre la luz y las tinieblas. Raras veces se habrán éstas visto sobre la tierra en tan estrecho contacto y presentando un contraste tan marcado. Del lado de la noche están el Estado y la Iglesia: el Estado con su gobierno violento y despótico que desde España rige ciegamente a su distante colonia por medio de delegados que la madre patria no puede vigilar, y niega a los indígenas el derecho de gobernarse a sí mismos; la Iglesia, que existe solamente en sus espléndidas ceremonias, pero que carece completamente de vida religiosa y espiritual. Del lado de la noche está, sobre todo, la esclavitud. Esta se muestra en Cuba bajo su forma más grosera, y el tráfico de negros con el África se hace allí todos los días, aunque no ostensiblemente. La administración de la Isla se deja corromper con oro y cierra los ojos para no ver los millones de negros que anualmente se importan en Cuba. Pretendese, además, que al gobierno no le pesa interiormente que la Isla se pueble de salvajes africanos, porque el temor de sus fuerzas desencadenadas, si algún día se les sueltan las riendas, retrae a los criollos de rebelarse contra un gobierno que *necesariamente deben aborrecer*». (*La vie de famille dans le Nouveau Monde*, par Mlle. Frédérika Bremer.)

Sin aceptar nosotros todas las apreciaciones y tendencias de un opúsculo que no ha muchos meses vio la luz pública en esta capital, escrito por un señor abogado catalán de mucha ilustración, y nada sospechoso en punto a españolismo, damos a continuación algunos trozos de ese trabajo, cuya lectura recomendamos al señor Reynals:

«Doce años de residencia en aquella hermosa y rica Antilla, doce años de relaciones continuas con personas de todas las clases de la sociedad, doce años de ejercicio de una profesión que permite estudiar las necesidades y el espíritu públicos como el ejercicio de la medicina permite al perito que la profesa estudiar las enfermedades endémicas, son, a mi entender, bastantes para que no se crea que mi opinión es hija de la impresión de un momento, hija, como suele decirse, de las circunstancias.

El día en que los representantes de Cuba dejaron de ser admitidos en el Estamento popular, aquel día se abrió en el seno de la patria una llaga, que por desgracia han mantenido abierta los artículos de la Constitución de 1837 y 1845, que, disponiendo que las provincias de Ultramar se regirán por leyes especiales (leyes que tampoco han sido hechas a pesar de haber trascurrido veintidós años), han impedido que la Isla de Cuba sea representada en el Congreso de diputados y goce de las ventajas del sistema representativo.

Estas disposiciones, fundadas en un motivo que no puede ya existir, hijas de un recelo injusto, han producido un resultado lamentable, y han hecho dudar a los cubanos de la generosidad de una nación magnánima. Estoy plenamente persuadido de que, sin ese artículo en nuestra Constitución, sin la exclusión de los diputados cubanos, con su admisión en el Parlamento español, con las demás garantías y libertades constitucionales, no hubiéramos presenciado tristes escenas cuyo recuerdo aflige al alma, y que ningún cubano hubiera pensado jamás en separarse de España.

Cuando un pueblo rico que goza de un hermoso clima, de un suelo feraz, que obtiene una crecida recompensa del fruto de su comercio y de su agricultura, que tiene mercados, que goza de bienes materiales, está inquieto y desasosegado; cuando un pueblo en el que no abundan los pobres, y en que todo el

de sentimientos ajenos? ¿En qué quedamos? Si es cierto lo

---

que ama el trabajo sabe que llegará a ser rico, o podrá a lo menos vivir desahogadamente y sin la zozobra y la angustia del día de mañana, se queja y conspira para salir del estado político en que se encuentra, es evidente, es indudable que este estado político no le satisface, y que aspira a otro mejor, y que ha de proporcionarle ventajas que carece.

...Pues bien, a pesar de esta ventajosa situación material, Cuba no está tranquila, Cuba siente una inquietud moral que es continua; Cuba tiende a cambiar su forma de gobierno, y no hay un cubano, uno solo, que no se halle animado de los mismos deseos, más o menos disimulados, más o menos encubiertos.

No creo que ninguno de los que han permanecido algún tiempo en aquella preciosa reina de las Antillas, en aquella Isla que, según la expresión de un inteligente escritor de nuestros días, vale un reino y puede valer un imperio, intente negar la verdad de mis aserciones, y asegurar que Cuba se halla moralmente tranquila.

Si lo hubiere, yo le preguntaría: ¿qué significan las conspiraciones descubiertas en los últimos años? ¿qué significan esas juntas formadas en los Estados Unidos por hijos de Cuba? ¿qué significan las sublevaciones de la inmediaciones de Trinidad y Puerto Príncipe que precedieron el desembarco de López en 1851? ¿qué significan esos periódicos publicados en Nueva York y otros puntos, y que incesantemente circulan por la Isla, a pesar de la vigilancia de las autoridades? ¿qué significan esos pasquines que aparecen hoy en un pueblo, mañana en otro y que se dirigen todos contra el gobierno?

No pretendamos hacernos ilusiones y engañarnos a nosotros mismos, porque nuestras ilusiones y nuestros engaños pueden traernos terribles y desengañadoras consecuencias. Esos pasquines, esas juntas, esos periódicos, ese oro enviado algún día a los Estados Unidos, significan que Cuba no está tranquila, que existe el desasosiego moral, que Cuba no está satisfecha de su estado político, que busca otro.

Dirigíos a los cubanos, hablad con ellos en Cuba, en España, en el extranjero, y si no desconfían de vosotros, si os consideran justos, si merecéis su confianza, si pueden contestar con efusión, y más aun si saben que os interesáis por la suerte de su país, todos os dirán lo mismo.

No se me objete que todo esto fue verdad, pero que ya no lo es porque la opinión ha cambiado. Si esta objeción se presenta de buena fe, ¡qué ilusión! Si es interesada, ¡qué maldad! Hoy como ayer, ayer como tres años atrás, los hijos de Cuba tienen aspiraciones a cambiar de situación política; hoy como ayer tienen ideas, e ideas que no mueren, sino que germinan, que crecen diariamente. Mal, muy mal conoce el corazón del hombre, la fuerza de una idea,

que dicen Mr. Lobé y centenares de catalanes, no es cierto lo que escribe y pretende probar el señor Reynals, y viceversa, si este último tiene razón no la tienen los primeros, y no se comprende entonces para qué se ha invocado su autoridad, a menos que se haya propuesto ese señor demostrar con su ejemplo a qué abismos puede conducir el espíritu de contradicción.

Pero el señor Reynals no es hombre que se para en pelillos, y así es que no solo admite como verdadera la opinión de Mr. Lobé y de centenares de catalanes, sino que da la ra-

---

el efecto de ella en los pueblos, el que afirme que han desaparecido de Cuba la agitación moral y los deseos de reformas políticas.

La tranquilidad material, el orden del momento no significan la muerte de una idea, cuya vida anuncian claramente otros síntomas. También la Hungría, también la Italia, también la Polonia han tenido, y alguna de ellas tiene aun períodos de tranquilidad y orden material; y sin embargo, ¿habrá alguno que se atreva a asegurar que no aspiran a su independencia, que se hallan satisfechas de su actual estado político?

También las islas Jónicas están tranquilas, también reina en ellas el orden material. Tampoco hay en ellas conspiraciones, ni juntas que las exciten a sublevarse, y sin embargo, ¿puede decirse que están moralmente tranquilas? ¿que están contentas? ¿que no desean librarse del protectorado de Inglaterra? ¿que no desean unirse a la Grecia?» (*Las aspiraciones de Cuba*, por don Ramón Just, abogado)

Obraríamos de mala fe si después de estos extractos de la obra del señor Just, no declarásemos que en su opinión *Las aspiraciones de Cuba* no van tan allá como nosotros, en nuestra calidad de cubanos y mejores conocedores del terreno, hemos asegurado. Su fórmula es: «que lo que quiere Cuba no es la anexación a los Estados Unidos, no su independencia o erección en nación independiente y libre, sino el ejercicio de los derechos y garantías en que están las demás provincias de España». No es éste el lugar de discutir esa cuestión: bastan a nuestro propósito las citas que hemos hecho del trabajo del señor Just, y las que preceden, para que se convenza el señor Reynals de la ligereza con que ha escrito al decir, que las ideas emitidas en el folleto: *La Cuestión de Cuba*, no tienen cabida más que en el cerebro de unos pocos atolondrados y parodiadores de sentimientos ajenos.

zón de ese espíritu de emancipación que prevalece en Cuba en los términos siguientes: «Ya tienen (los cubanos) un habla por nosotros creada y por ellos modificada, ya les hemos enseñado a cultivar los campos, ya tienen universidades, ya salen de las mismas a centenares los abogados; ya son ricos, ya son ilustrados; ya pueden pues emanciparse de la tutela de la paterna potestad, así como las leyes civiles emancipan de derecho a los hijos cuando llegan a cierta edad o se constituyen en familia independiente, etc., &c».

Nunca dijo el señor Reynals mayor verdad, y si a estos motivos, por si bastantes, hubiera agregado los que son consiguientes a los agravios e injusticias que diariamente recibe Cuba de una metrópoli desnaturalizada y cruel, habría puesto fuera de toda duda su liberalismo y su ilustración. Pero es el caso que después de haber estampado aquella explícita confesión, más adelante va a negar a los cubanos toda razón, todo derecho, toda capacidad para aspirar a su emancipación de un gobierno que todos aborrecen *in petto*, según la propia autoridad que se cita. Y si todo esto no es un puro embrollo de un cerebro trastornado, será preciso expedir patente al señor Reynals por su nuevo método de raciocinar.

Bien hace el señor Reynals en recomendar enseguida a España que se mantenga neutral en la contienda del día. «Quiera Dios, dice, que ahora como tantas veces el sentimiento no mande la razón; quiera Dios que seamos enérgicamente neutrales entre la Francia, Italia y el Austria». Por lo visto, no es la prudencia el atributo de que carece el señor Reynals. Malquistarse España con las unas o las otras naciones beligerantes sería locura en estos tiempos calamitosos en que tiende a prevalecer «un nuevo teorema de derecho internacional», a saber, el de intervención diplomática o armada en los Estados cuyo mal gobierno pone en peligro la paz y la seguridad de las demás naciones. Las analogías entre la cuestión italiana y la cuestión cubana persiguen al señor Reynals por mucho que pretenda sacudir la pesadilla.

Continúa el señor Reynals y dice: «En este folleto (el de la cuestión de Cuba) en el que quitadas sus contradicciones y los insultos a España que encierra, no quedaría más que su título, hay una cosa notable, etc., &c». ¿Pues no ve usted, santo varón, que siempre quedaría esa cosa notable, y como más adelante nos va usted a señalar otra particularidad que también califica de notable, siempre serán dos cosas notables que encierra el folleto a más de su título? De todos modos, los lectores del *Diario de Barcelona* tienen derecho a preguntar al señor Reynals por qué ha consagrado tantas columnas del periódico a dar cuenta de un folleto que solo contradicciones e insultos a España encierra.

Pero veamos cuál es esa primera cosa notable. «Es el empeño que muestra el escritor o el club cubano en disculpar a la Isla de Cuba de la nota de anexionista que se le ha achacado». A nosotros también nos parece muy notable ese empeño y sus motivos tendría para ello el escritor del consabido folleto; pero como el señor Reynals no parece haberlos adivinado, no seremos nosotros quienes le ayuden a salir de cavilaciones. Dejándole pues en ese aprieto, pasaremos a la segunda cosa notable que encierra el folleto y que es *el folleto mismo*. Es nuevo, enteramente nuevo, dice el señor Reynals, venir los cubanos dándose los aires de una nacionalidad oprimida a poner la cuestión de la independencia de la Isla de Cuba entre las varias que deben ocupar la atención de la Europa y de los congresos de los diplomáticos; es nuevo, enteramente nuevo que una potencia que nunca ha sido nacionalidad y que no tiene otra historia que la historia de la nacionalidad española, escriba folletos para exponer sus cuitas, no al gobierno propio que puede remediarlas, sino a los gobiernos extranjeros que si algo pueden hacer es compadecer o despreciar».

Enhorabuena, señor Reynals: esto debió usted haberlo dicho desde el principio y no engañar a sus lectores con aquello de que el folleto no encierra otra cosa que contradicciones e insultos a España. Ahora es cuando se comprende por qué ha enristrado usted la pluma contra el malhadado folleto. Esas novedades han debido alarmar la conciencia de usted como español mucho más todavía que su nacionalismo.

Nosotros responderemos que lo que es nuevo, enteramente nuevo, es la novedad que ha causado al señor Reynals el que un pueblo que gime bajo la más odiosa tiranía, después de haber agotado sin fruto todos los medios pacíficos o violentos que ha tenido a su alcance para obtener justicia, se la pida a otros pueblos que pueden dársela, sobre todo si al dársela hacen obra de sabiduría política, precaviendo las peripecias y los conflictos internacionales a que puede dar lugar la continuación de esa tiranía. Llena está la historia de ese recurso de los pueblos débiles contra los fuertes y opresores: llena también de intervenciones pacíficas o armadas por las que a menudo ha triunfado el derecho contra la violencia y la opresión.

Si hay o no nacionalidad en el pueblo cubano lo discutiremos más adelante; pero ésta no ha sido invocada en el folleto, como pudo haberlo sido, y el señor Reynals juega aquí con las palabras para ocultar el verdadero punto de vista de la cuestión, a saber, que el arreglo de la cuestión cubana interesa a todas las demás naciones, y como tal es susceptible de ocupar los congresos. Y si es verdad que estos no pueden «más que compadecer o despreciar», según el dicho del señor Reynals, ¿por qué se asusta tanto con la aparición del folleto y con las consecuencias que pueden deducirse del «teorema nuevamente planteado en el derecho internacional?» ¿Por qué ese apremiante consejo a España de que observe una enérgica neutralidad en la contienda de Italia? ¿Qué significan por un lado aquellas afirmaciones y aquellas valentías y por otro estos temores y estos consejos? Significan que el señor Reynals no sabe lo que dice o que se ha propuesto marchar de contradicción en contradicción en todo lo que ha escrito.

De todos modos, estos dos hechos notables, el empeño de los cubanos de rechazar la nota de anexionistas y el de darse los aires de una nacionalidad oprimida, han llenado de zozobras al señor Reynals, quien promete deducir y manifestar sus consecuencias en otro artículo. Allí también le seguiremos nosotros.

II

Mucho nos llamó la atención el encabezamiento que puso el señor Reynals a su segundo artículo: *Proyectos de reforma de la Isla de Cuba*. Al leerlo, creímos que era ya llegada la hora en que este señor iba al fin a cumplir el compromiso tantas veces contraído, el de dar su opinión sobre la Isla de Cuba. Pero ni por ésas. No son sus opiniones ni sus proyectos los que va a exponer ahora: son los de otro, los del folleto; son las reformas a que aspira esa *emancipación cubana* que se da aires de nacionalidad y pretende el derecho de ocupar los congresos.

Cuando el señor Reynals carece de ideas o de razones, juega con las palabras o condensa y desfigura a su antojo las ideas y las razones que quiere combatir. En este segundo artículo no ha comprendido o finge no comprender la palabra *síntesis* con que el autor del folleto expresa el conjunto de razones de diverso orden que aconseja y justifica una intervención diplomática para el arreglo de la cuestión cubana, razones que son las unas de la esfera política y moral, las otras que atañen a los intereses materiales de todas las naciones. Todas esas razones reunidas y consideradas en unidad lógica forman esa síntesis que tanto parece haber chocado no sabemos si a la inteligencia o al nacionalismo del señor Reynals. Díganos, si no:

¿No va envuelta en la cuestión de Cuba una cuestión de equilibrio político en el Nuevo Mundo, si el mal gobierno de España arroja ese país en manos de una potencia extranjera, ya sea europea, ya sea americana?

¿No están interesadas en su mejor solución todas las naciones marítimas y comerciales de ambos mundos?

¿Siendo el comercio de esclavos una violación del derecho natural y del derecho escrito, puede el mundo civilizado consentir que España, única potencia que hoy mantiene ese tráfico inhumano, lo continúe con afrenta de la justicia y de la humanidad?

Abolida la esclavitud en las principales colonias, ¿podrán las demás naciones ver con indiferencia que España no solo la fomente en Cuba, sino que funde en su consolidación un sistema despótico y opresor de gobierno que conduce derecho a la revolución del país y a conflictos políticos que todos los demás Estados tienen el derecho y el deber de impedir?

¿Podrán estos dar la mano a España en su infame propósito de *africanizar* el país, esto es, de entregarlo a la barbarie y a la devastación, cuando no pueda ya luchar con fruto contra un alzamiento provocado por su opresión y sus iniquidades?

Pues si todas estas y otras consideraciones largamente desenvueltas en el folleto, *La Cuestión de Cuba*, no constituyen una síntesis de problemas capaz de determinar una legítima intervención de la diplomacia; si todas ellas y muchas que desde luego se ocurren no producen el derecho y, lo que es más, el deber de un arreglo internacional de la cuestión, exigido además por la absoluta impotencia de España para poner término a los males y a los peligros propios y ajenos que con su sistema ha creado, nosotros no comprendemos el significado de las voces, o tenemos una idea muy equivocada de los principios del derecho de gentes.

Pero el señor Reynals los comprende lo mismo que nosotros y que el autor del folleto, y por eso es que desentendiéndose de esas razones procura hacer aparecer a los cubanos como invocando solamente en esta cuestión su particular provecho y utilidad. «La maravillosa síntesis, dice, consiste, al parecer, en que no se dejen entrar negros, ni libres, ni esclavos: en hacer desaparecer de la vista de los criollos blancos una raza que es una constante amenaza para la misma; en impedir, en una palabra, la africanización de la Isla de Cuba, como dice el folleto; en dar a sus hijos la participación que no tienen en la formación de las leyes; en renunciar España el monopolio que ejerce en provecho de su agricultura, de su marina y de su comercio, con sus tarifas de aduanas; en derogar los derechos diferenciales de bandera, etc., &c».

Poco a poco, señor Reynals: todo eso o aquella parte que fuere justa y realizable será la consecuencia de un arreglo de la cuestión cubana, no una razón determinante para la reunión de un congreso que solo puede fundarse en consideraciones de un interés universal como las que más atrás se han indicado. Estas son las que usted debió combatir si quería salir airoso de su empeño. Desfigurar o alterar los argumentos de un adversario solo prueba incapacidad o mala fe.

Por otra parte, ¿en qué página del folleto leyó el señor Reynals que los cubanos pretenden, así que se les iguale con las demás provincias de la monarquía, que se les exima «de la contribución de sangre, de la de riqueza urbana, territorial y pecuaria, etc., &c». ¿Es esto escribir con lealtad? La primera base del arreglo que propone el folleto y copia el señor Reynals dice: «Que se reconozca ante todo el derecho imprescriptible de los cubanos a ser gobernados según las leyes generales de la nación». Luego no pretenden estos exenciones ni privilegios, sino una igualdad completa, «tanto en lo próspero como en lo adverso», con los demás miembros de la familia española, en lugar de las injusticias y expoliaciones de que hoy son víctimas. Luego el señor Reynals, a falta de razones, echa mano de imposturas y de falsedades.

Entre esas contribuciones la única de que hoy está exenta Cuba es de la llamada *de sangre*, y no hay escritor peninsular que deje de sacarla a plaza cada vez que se trata de ensalzar las dulzuras del régimen colonial a que están los cubanos sometidos. No sangre sino hiel y ponzoña debiera destilar la pluma cuando de tales asertos se ocupa. Tiempo es ya de concluir una vez para siempre con ese sarcasmo insultante que a cada paso se nos arroja a la cara. ¿Ignora algún español que esa pretendida exención es la carga mayor que puede imponérsele a un pueblo oprimido, la de hallarse desarmado ante sus opresores? Pues que ¿habría sido nunca posible consumar en Cuba la serie de iniquidades que allí ha perpetrado el gobierno español durante estos últimos años, si a los cubanos no se les hubiese atado los brazos, si no se les hubiese mutilado sistemáticamente para impedirles toda resistencia? Callen, por Dios, los españoles que se respeten, y ya que no se alcen contra la injusticia, no la conviertan en vejamen y en insulto.[2]

2 En un decreto reciente (4 de agosto de 1859), publicado en La Habana para el alistamiento de milicias, se leen estas palabras: *Siendo un deber inexcusable de todos los habitantes de un territorio el ser sus naturales defensores, se dignó tomar en consideración S. M. la Reina (Q. D. G.) que los hombres libres de color en esta Isla están obligados al servicio de las armas, etc., etc.* ¿Por qué no ha de ser *deber también inexcusable* de los *blancos* de Cuba el ser sus naturales defensores, y estar *obligados al servicio de las armas*? ¿Por qué se ha de imponer esa obligación de defender el país a solos los ejércitos peninsulares y *a los hombres libres de color de Cuba*? Por favorecer a los criollos, dicen algunos cándidos o malignos escritores: para conservar *su lealtad*, responden todos los que conocen el verdadero móvil de esa filantrópica exención. De todos modos, el alistar milicias y regimientos *negros* en Cuba, ya saben bien los *criollos* lo que significa.
Algunos españoles habrá que de buena fe crean que la Isla de Cuba no puede ser defendida contra los ambiciosos yankees, si no es por numerosos batallones disciplinados. A esos tales les recordaremos un hecho de la historia de Cuba que podrá tranquilizarlos. En 1762 el ejército de aquella colonia se componía de *tres* batallones de infantería, *una* brigada de artillería y *un* re-

¿Dónde tampoco leyó el señor Reynals «que a España se le obligue a pagar las indemnizaciones de la emancipación de los esclavos?» Llegado ese caso, y según el arreglo recomendado en el folleto, esas indemnizaciones se pagarían con las rentas del país en la proporción anual que se estipulase. Esto solo quiere decir que en lugar España de percibir íntegros los sobrantes de Cuba para objetos puramente peninsulares, se destinaría una parte de ellos a ir indemnizando a los dueños expropiados por la emancipación de la esclavitud. Ya se ve que este acto de rigurosa justicia sería doloroso para aquellos que se han acostumbrado a considerar y tratar a Cuba como un cortijo de España; pero entienda el señor Reynals que ni aun en ese caso mermarían esos que donosamente se llaman *sobrantes de la Isla*, pues que con el solo aumento natural del producto de las rentas del país, así que fuese honrada y equitativamente administrado, y con la supresión o la reducción del ejército y de la marina que allí absorben millones todos los años, podrían satisfacerse las indemnizaciones y conservarse para España esos tres o cuatro millones de pesos anuales que hoy le produce líquidos su *hacienda* de Cuba.[3]

---

gimiento de caballería. Con estas fuerzas y las milicias locales España hacía respetar sus derechos por todas las demás naciones. En ese mismo año atacaron los ingleses a Cuba con fuerzas marítimas y terrestres, que por su número y su disciplina eran superiores a las que en cualquier evento podría levantar hoy la Unión Americana. Tomaron, es verdad, La Habana después de un sitio prolongado, pero no les fue posible internarse en el país, gracias a sus *naturales defensores*, esos criollos con los que ahora no se quiere contar para nada. Pero tienen razón los que hoy desconfían de ellos: entonces los cubanos eran españoles, hoy dejaron de serlo, y acogerían como libertadores a esos mismos yankees a quienes se llama piratas en el lenguaje oficial. De ocho a diez millones de duros anuales les cuesta a los cubanos la defensa de su lealtad.

3 En punto a *sobrantes* de la Isla de Cuba no podemos resistir a la tentación de citar aquí lo que ya desde 1847 respondía el cubano don José Antonio

No somos nosotros los que abrigamos la menor ilusión respecto de que España consienta nunca por meros consejos a la reforma de su gobierno en Cuba. Toda su historia nos

---

Saco, al señor don Vicente Vásquez Queipo, en la polémica que entre ambos se suscitó con motivo del *Examen* que el primero publicó, del *Informe* sobre el fomento de la *población blanca, etc., en la Isla de Cuba*, escrito por el segundo:

«No he pretendido en mi *Carta* que se gasten en Cuba todos los sobrantes de sus cajas; lo único que dije fue, que si de los 36 millones de pesos fuertes enviados a la Península en los doce años que terminaron en 1844, se hubiesen empleado en la educación primaria aun solo 6, ésta no ofrecería hoy el triste cuadro que con harta razón deplora el mismo señor Queipo. De esto a invertirse en Cuba los 36.000.000 hay una enorme diferencia. Pero ¿es cierto que tales cantidades merecen el nombre de *sobrantes*? Y pues que el señor Queipo me citó un párrafo, aunque mutilado, de mi *Paralelo*, yo voy a citarle otro del mismo papel:

«Pero tan inmensos sacrificios no los aprecia ni reconoce la misma mano que los exige, y para adormecer a les cubanos y hacerles menos sensibles sus profundas heridas, plumas... se afanan en publicar que todo el dinero que de Cuba viene a España, es el *sobrante* de sus riquezas. ¿Y sobrante puede llamarse lo que aquella isla reclama imperiosamente para satisfacer sus necesidades? ¿Sobrante puede decirse lo que sagradamente debiera emplearse en la erección de escuelas e institutos literarios, en la construcción de caminos, de puentes y canales, en el fomento de la población blanca, y en la protección de tantas y de tantas cosas como a gritos está pidiendo esa antilla abandonada? Afirmar que en Cuba hay *sobrantes*, es lo mismo que decir que también los tiene un hombre a quien se deja hambriento y desnudo por habérsele quitado el dinero que necesita para alimentarse y vestirse».
Que así como todas las provincias de la península, después de cubrir sus gastos locales contribuyen para los generales de la nación con gruesas sumas, Cuba debe también hacer lo mismo, es un pernicioso sofisma. La igualdad que aquí se invoca no es más que aparente; y tanto en el hecho como en el derecho, Cuba queda inmensamente perjudicada. En el hecho, porque sin contar más de 1.400.000 pesos fuertes que le costó la marina en el año pasado; sin contar casi tres millones de duros a que ascendieron los gastos del ejército, ni tampoco las gruesas cantidades de dinero que anualmente envía a la metrópoli, sus cajas soportan exclusivamente otras cargas que debieran

ser generales a toda la nación. En el estado de entradas y salidas de la tesorería general de La Habana en 1846 aparecen las siguientes partidas:

	Ps. fs.Rs.	plata
Por costo de las legaciones y consulados de los Estados de la América pertenecientes al presupuesto de Estado	57.798	7 1/2
Por la asignación de S. M. la Reina madre vencida desde agosto de 1845 a fin de noviembre del presente año	222.000	
Por cuenta de los intereses y premios de demora de la deuda que el gobierno español tiene con los Estados Unidos	30.906	
En libranzas giradas por el ministro de S. M. en México, en virtud de real mandato para asuntos importantes del servicio	100.000	

Otras muchas partidas de consideración que figuran en aquel estado pudiera yo mencionar, las cuales debiendo pagarse por el tesoro de la nación son una carga especial de las cajas de Cuba. Pero no es esto lo peor: eslo sí, que los sobrantes que las provincias de la península derraman en el arca nacional, ésta se los devuelve, al menos hasta cierto punto, en las obras *o* establecimientos públicos que les consagra; mientras Cuba, que es la que más contribuye, no recibe ninguna compensación. Supongamos que con los sobrantes de toda la España europea y ultramarina se establezcan en la península telégrafos por todas partes, ¿tendrán ya por esto los pueblos de Cuba comunicaciones telegráficas? No. Y sin embargo, han contribuido para ellas en la península con sus 3.000.000 de pesos fuertes, siendo necesario que si las quieren en su propio suelo, las costeen de sus fondos particulares. Supongamos también que el tesoro nacional se invierte en dar a la península un sistema más o menos completo de calzadas, caminos de hierro y canales, ¿reportará Cuba alguna utilidad de ellos a pesar de haber contribuido con sus 3.000.000 de duros? Si ella aspira a gozar de las mismas ventajas, tendrá que imponer a sus habitantes nuevos sacrificios; y he aquí como esta decantada igualdad no es más que una verdadera desigualdad. Igualdad habría si la península contribuyese con los fondos peninsulares para las obras de Cuba, así como Cuba contribuye con los suyos para las de la península; y pues que esto no se hace, es forzoso confesar que no hay igualdad, y el no haberla es

tenemos por cosa segura que bastaría una nota enérgica por parte de otras naciones para que ella aceptase un congreso y las soluciones que de éste emanasen, diga lo que dijere el señor Reynals en ese hinchado y quijotesco estilo que tanto distingue a los escritores políticos de su nación. «Antes que las bases, dice, de que hemos hecho brevísima reseña, la emancipación de los esclavos, la venta de la Isla de Cuba, el abandono de la misma, la guerra, cualquier otro extremo menos la abdicación y la deshonra». Y más adelante añade: «España es España todavía; España conserva aun su historia y sus sentimientos que en ella ocupan páginas que no afearán todas las calumnias de sus ingratos hijos. No ha

---

lo que constituye esencialmente a Cuba en el estado de colonia, y a España en el de metrópoli. Predicarnos otra cosa, es engañarnos con palabras. Diferencia hay también en el *derecho*, porque las provincias de la península están todas legítimamente representadas en un congreso general. Ellas son las que por medio de sus diputados se fijan a sí mismas, después de un maduro examen, las contribuciones que han de pagar; pero ¿sucede lo mismo respecto a Cuba? ¿Resuena la voz de sus representantes en el salón donde se discuten los intereses nacionales? ¿Se oyen los acentos de sus hijos congregados en una asamblea allá en el seno de la patria colonial? Sin conocimiento de sus verdaderos intereses, sin su voto, sin su más leve intervención, sin respeto al sagrado derecho de propiedad, y sin más luz que la que derrama el oscuro rincón de una covachuela, échanse sobre sus cabezas los más pesados tributos, y vense tratados, no como españoles libres o hijos de libres españoles, sino cual pueblo brutalmente conquistado». (*Colección de papeles científicos, históricos, políticos y de otros ramos sobre la Isla de Cuba, ya publicados, ya inéditos*, por don José Antonio Saco. Tomo tercero, páginas 290, 291 y 292.)

¡Cuánto no se agravaría esta pintura si el señor Saco escribiera en 1859! ¡Cuánta nueva contribución y aumento de las cargas que pesan sobre la Isla de Cuba! ¡Cuántos nuevos millones agregados a los gastos de defensa de la Isla! ¡Cuántos nuevos capítulos *pertenecientes al presupuesto del Estado* y pagados por las cajas de La Habana! ¡Qué no diría de los gastos de colonización de las islas de Adobón y de Fernando Poo, impuestos por Real orden al presupuesto de Cuba?

perdido todavía la memoria del heroico hecho de Hernán Cortés en la conquista de México; no consiente que otras naciones legislen sobre los derechos de sus hijos y súbditos; no ha capitalizado su soberanía; no pacta con ella; no recibe indemnización de su renuncia. España pierde sus territorios, pero jamás su independencia, su dignidad y su honra».

Pero no llegará nunca ese caso: ese folleto *escrito* o *inspirado* por alguna imaginación cubana «no es la expresión de los sentimientos de la Isla de Cuba». Acaso pudo creerlo antes así el señor Reynals, mal informado por el sensatísimo e imparcial Lobé y por esos centenares de catalanes de que nos ha hablado; pero después que vio «las exposiciones de tantas corporaciones y ayuntamientos de la Isla de Cuba sobre el mensaje del presidente Buchanan», ha cambiado enteramente de parecer. ¡Válgame Dios! ¡y que haya todavía quien crea o finja creer en semejantes exposiciones! Pues que ¿no sabe el señor Reynals que esas manifestaciones, más o menos directa o indirectamente impuestas, son la prueba más palmaria de que en el país se piensa de muy diferente modo de lo que en ellas se dice? ¿A qué afirmar y repetir aquello que por nadie se duda? ¿Dónde y en qué país bien gobernado y contento vio jamás el señor Reynals que se hiciesen y menudeasen esas protestas de lealtad? ¿No son éstas frutos peculiares de gobiernos como los de España, Austria y Turquía? ¿Olvidose ya de que los ayuntamientos lombardos, poco antes de la batalla de Magenta, fraguaban a millares esas representaciones de fidelidad a su *carísimo* emperador Francisco José? Y sin salir de la propia Isla de Cuba, ¿ignora el señor Reynals que entre los ejecutados y condenados a presidio o a destierro en estos últimos años figuran algunos nombres que en 1851 y 1852, cuando las invasiones de López, se leían también al pie de esas lealísimas exposiciones? Déjese, pues, el señor Reynals de semejantes niñadas, o mejor dicho, no tome a sus lectores por babiecas; y si le place pasar por crédulo o aspira a engañar a los demás, tenga consecuencia al menos, y no estampe pocas líneas más adelante estas frases que indican una nueva evolución en el pensamiento del escritor y encierran la más flagrante contradicción de cuanto acaba de aseverar: «Sin embargo, como dice el folleto de Mr. Lobé, y como dicen los que han vivido largos años en la Isla de Cuba, las ideas insurgentes, como con gran propiedad se designan vulgarmente entre los europeos las de emancipación, son acariñadas por la juventud principalmente de letras, y no rechazadas con la debida energía por los sensatos. Aquéllos son activos, éstos son pasivos; aquéllos conspiran para conseguir la emancipación, éstos la recibirán con júbilo; aquéllos son revolucionarios de la *veille*, éstos del día siguiente». De donde lógicamente se desprende que todos en Cuba, jóvenes y sensatos, activos y pasivos, desean con ansia o acogerían con júbilo la emancipación, a pesar de las denegaciones que más atrás estampó el señor Reynals, y a despecho también de las protestas de *tantas corporaciones y ayuntamientos* de que no ha mucho nos habló. Ha llegado, pues, el caso en que, como dice el señor Reynals, «debería aconsejar a España que tratara con el rigor de las armas y de la opinión a una provincia que aparece en el folleto rebelde y degradada». No se desconsuele, sin embargo, el señor Reynals: muchos años ha que España se anticipa a sus deseos y por ello recogerá el debido galardón.

A esos *cuantos blancos criollos* que, según acabamos de ver, son todos los de la isla de Cuba, aconseja el señor Reynals que se resignen a figurar en los congresos de los diplomáticos como *cosas* y no como *hombres*, como meros instrumentos, murallas contra el engrandecimiento de los

Estados Unidos, no como *seres capaces de derechos y obligaciones*, y otras lindezas por este jaez. Muchas gracias por el consejo y por el obsequio. Ya sabíamos antes de ahora que tales eran los sentimientos y los buenos deseos de nuestros hermanos de aquende los mares; por ello les conservamos en nuestros pechos una gratitud profunda y singular, que solo tardará en manifestarse en actos de reciprocidad cuanto tardemos con congresos y sin ellos en tener la libre disposición de nuestros medios de obrar. Entretanto, llámenos cobardes y degradados el articulista barcelonés: tiene razón, no vencimos todavía a pesar de los raudales de sangre por nuestros mártires vertida.[4] A los que como el señor Reynals piensan,

4 Los acontecimientos ocurridos en Cuba en estos últimos años prueban hasta la última evidencia que el valor es un distintivo que caracteriza en grado eminente a la raza cubana. En los campos de batalla y en los patíbulos su actitud ha arrancado aplausos a sus mismos enemigos. Ahí están Entrampes, Agüero, Arcis, Armenteros, Hernández y otros que supieron morir como héroes por la sacrosanta causa de su patria. Bien pudiéramos decir aquí, traduciendo las palabras de un escritor extranjero: ¡Ah! si la duración y la intensidad del martirio, si el número y la nobleza de las víctimas bastasen para probar la existencia de un pueblo, ¿quién podría, después de tantos y tan dolorosos sacrificios, preguntar todavía donde está Cuba y buscar su lugar entre las naciones de la tierra?
Pero acaso el señor Reynals no se contente con esa clase de pruebas del valor cubano, y exija otras que hayan sido más provechosas para España. Vamos, pues, a refrescarle la memoria, aunque para ello tengamos que remontarnos a la historia del siglo pasado. He aquí los hechos que cita un historiador moderno de Cuba:
«Declarada la guerra entre España y los ingleses (1739) a causa del contrabando que hacían los últimos en las posesiones americanas, intentó el almirante Vernon apoderarse atrevidamente de la Isla de Cuba, y se dio a preparar las medidas que estimó convenientes para poner luego en planta la ejecución de aquel pensamiento. Alentado por el buen éxito que había tenido su primera tentativa sobre Portobelo, salió con una fuerza de tres mil hombres de los que había traído de Europa y mil negros que recogió en Jamaica, para las costas de nuestro país. — No creyó prudente, como entendido que era, dirigirse desde luego a La Habana, y pensó desembarcar lejos de aque-

lla ciudad, hacia la parte oriental, que suponía naturalmente con menos elementos para resistir. — Desembarcó en efecto (julio 18 de 1742) en la bahía de Guantánamo, e inmediatamente se encaminó a Santiago de Cuba, dando por hecho que podría con facilidad apoderarse de la población. No sucedió eso, sin embargo, porque, como dice Pezuela, *el país se levantó en masa, se armaron las milicias, y cuantos hombres de todo color y condición hallaron una espada, un fusil o una lanza con que hostilizar al enemigo común.* Vernon tuvo que retirarse a Jamaica, dejando tendidos en el campo sobre dos mil hombres que perecieron en la pelea».

Hablando más adelante del ataque de La Habana por los ingleses en 1762, dice:

«Dispuso entonces Albermarle se empezase a abrir una mina con el objeto de volar, si era posible, la fortaleza (El Morro), y en tanto que adelantaba esta operación, diose a preparar lo que a su juicio faltaba todavía para asegurar aun más el éxito de la lucha. — Mas no por esto gozaban las fuerzas británicos de completa tranquilidad. Poco tenían que temer, es verdad, de las autoridades españolas que, contentas y satisfechas con estarse a la defensiva, jamás concibieron formalmente el proyecto de acometer. Pero veíanse hostilizados por el paisanaje, por los campesinos, y por el pueblo en general, que no perdían ocasión y aprovechaban la que se les presentaba, para perseguirles y exterminarles. Difícil sería referir aquí con todos sus pormenores las proezas individuales, los rasgos de valor, los acontecimientos de toda especie, en fin, que en aquellos días pasaron en el país. La tradición puramente oral, muy más que las páginas de la historia, ha conservado el recuerdo de esos hechos aislados en la memoria del pueblo, y para conocerlos tales y tantos como fueron, necesario sería aprenderlos todos de la boca misma de los ancianos que de sus padres los escucharon. — Capitaneados por varios criollos y divididos en guerrillas, los campesinos de nuestra tierra tuvieron repetidos encuentros con las fuerzas británicas, particularmente con los destacamentos que salían en busca de provisiones. — El día 18 (julio) atacó don Luis Aguiar con la partida que mandaba, compuesta toda de gente del país, la altura de Taganana, que tenían fortificada y bien defendida los invasores. Sin detenerse a contar siquiera el número de los contrarios, Aguiar avanzó atrevidamente hasta la boca de los cañones, y después de una lucha sangrienta que duró algunas horas, logró apoderarse del lugar, tomando diez y ocho prisioneros al enemigo, que perdió además su artillería.
Ni fue solamente Aguiar el que se distinguió en aquella campaña. Dignos fueron también de inmortalizarse en las páginas de la historia don Alejandro Arroyo, don Francisco Corral y don Manuel Frías, que atacaron denodada-

mente las trincheras de la Cabaña hasta lograr penetrar en el mismo recinto de aquella fortaleza. Hubo además un guerrillero de Guanabacoa, de nombre don Diego Ruiz, que después de haberse batido como un león, pereció gloriosamente en el momento de dar un asalto contra las fuerzas británicas. — Por último, distinguiose en la guerra otro campesino, también de Guanabacoa, don José Antonio Gomes, conocido más comúnmente con el nombre de *Pepe Antonio*, que persiguió sin descanso a los invasores, creándose por sus hazañas audaces y atrevidas una grande celebridad».

A un pueblo que en lo antiguo y en lo moderno ha dado tan manifiestas pruebas de su firmeza y de su valor, no pueden alcanzar los tiros más o menos encubiertos del señor Reynals. Dejaremos, pues, este punto como completamente ventilado, pero no el terreno histórico en que estamos, porque en él hay más de una enseñanza que se roza con el objeto de esta polémica. Las fuerzas que al mando de lord Albermarle atacaron La Habana en 1762 se componían de cerca de diez y ocho mil hombres de desembarque y treinta buques de guerra, entre navíos y fragatas, con más doscientas embarcaciones de trasporte de diferentes tamaños. Ya dijimos en una nota anterior el mezquino número de tropas disciplinadas que pudo oponerles el gobernador Prado. Así y todo, la capital de Cuba no se rindió sino después de un sitio obstinado y sangriento que duró más de dos meses. Ocuparon los ingleses, a más de La Habana y Matanzas, el Mariel y varios caseríos y pueblos pequeños de las inmediaciones; pero no osaron internarse más en el país, convencidos como estaban de la resistencia que les opondrían en todas partes y del odio implacable que inspiraban a la población.

¿Cómo es que hoy necesita Cuba para su defensa treinta mil hombres de tropas regulares y una escuadra superior en número y fortaleza a la que acabamos de enumerar? ¿Quiénes la amenazan? Un vecino que no cuenta ni con la mitad de las tropas disciplinadas de la Isla, y cuya marina de guerra útil supera en muy poco a la que hoy guarnece las costas de Cuba. En todo caso, ¿no es hoy la población blanca de la Isla, esa población tan hostil y tan fuerte contra los invasores, cinco veces más numerosa que en 1762? ¿Dónde, pues, está el peligro que hace gritar a los diputados y a los periodistas españoles: Sigamos fortificando a Cuba? Donde está ya lo dijimos, pero volveremos a ceder la palabra al historiador que venimos citando, quien concluye la relación de aquellos sucesos de la manera siguiente:

«La Habana en poder de los ingleses aparecía como un campamento inmenso, en un país ocupado en su mayor parte por el enemigo. Los soldados que solían apartarse de las murallas y penetraban en los campos eran asesinados sin piedad por los campesinos, circunstancia que obligó al jefe de las fuerzas británicas a adoptar algunas medidas enérgicas para reprimir el mal. Las fa-

milias más pudientes dejaron la ciudad, abandonaron sus casas y se retiraron a las haciendas, cortando toda comunicación con la capital, como si una plaga terrible se hubiese apoderado completamente de la población. Hasta los estancieros y *guajiros* huían de La Habana y permanecían en los campos, por no llevar los productos de su trabajo al ejército invasor. Ni el incentivo del oro que ofrecían los ingleses a manos llenas por los comestibles, era bastante poderoso para hacerles variar de resolución. Mentira parece que en medio de un país tan productivo como la Isla de Cuba, los ingleses hubiesen tenido que recibir sus alimentos de Jamaica y algunos puntos del continente, porque hasta el alimento les negaban los habitantes del país. — Un escritor peninsular al querer explicar las causas que motivaban aquel extraño modo de proceder dice: «Nacidos los cubanos de españoles, españoles también como sus padres, adictos a la religión católica y tan desafectos a las demás creencias y costumbres de los extranjeros, habían vivido hasta allí sin apenas otras comunicaciones externas que las de su metrópoli, participando del fanatismo y exclusivo apego a los usos y prácticas nacionales que caracterizaban a sus antepasados. Miraban por lo tanto con horror la destemplanza, la religión, el traje y hasta el idioma de sus huéspedes. Vanamente se propuso Albermarle conciliarse desde su entrada el espíritu público, tanto por su escrupulosa imparcialidad en la administración de justicia, y la severa disciplina con que mantuvo sus tropas; fuele imposible conseguir la confianza y adhesión del vecindario, empresa mucho más ardua que el triunfo conseguido.
Nadie hubiera podido imaginar ni creer entonces, que antes de un siglo, los hijos de aquellos mismos cubanos buscarían en los hijos de aquellos mismos ingleses una ayuda eficaz para arrancar de la Isla las instituciones del gobierno español.

Unidos los cubanos a los españoles por la identidad de origen, de religión, de idioma, de usos y costumbres; ligados unos a otros por la naturaleza de las preocupaciones y hasta por la semejanza de los defectos; preciso es que haya sido España muy injusta con sus hijos, para que éstos hayan perdido enteramente el afecto que la tenían, y convenido en adoptar como recurso de salvación para salir de la esclavitud, el proyecto generalizado hoy de incorporar su patria en el seno de esta gran confederación. No rompe fácilmente un pueblo con sus hábitos envejecidos, ni cambia gustoso la naturaleza de sus costumbres arraigadas, sino después de millares de años, cuando ha sufrido por diversas causas revoluciones sucesivas. — Las mismas naciones conquistadas por otras más fuertes y poderosas, conservan bajo la dominación extraña sus peculiaridades de otros días, y trabajan y se esmeran por evitar la absorción, conservando hasta donde alcanzan y como pueden la fisonomía especial de su sociedad. Por eso es más extraordinario e incomprensible el fenómeno asombroso que estudiamos en Cuba, de un pueblo, originaria-

a los adoradores del hecho, a los que solo en el triunfo reconocen el derecho y en la fuerza el valor, ¿qué respuesta podemos dar? Los italianos, los polacos, los húngaros, los rumanos y tantos otros como apelaron en su ayuda a los congresos o a las armas extranjeras son indignos y viles, *cosas* y no *hombres* incapaces de derechos, aunque por lo visto sujetos a obligaciones. Felicitamos a la Universidad de Barcelona por los óptimos frutos que debe reportar de una enseñanza del derecho calcada sobre estos principios; felicitamos también a España por la dicha de poseer un campeón de la fuerza del señor Reynals para hacer más amable aun y más segura su dominación en Cuba.

mente español, que busca en las gentes de otra raza, y de otra lengua, y de otros usos, las instituciones liberales de que carece y los derechos políticos que le niega la misma nación. A falta de otros muchos, este solo hecho bastaría por sí solo para formar el proceso, digámoslo así, del despotismo colonial. Un pueblo no rompe gustosamente con vínculos tan estrechos y tan sagrados, sino en fuerza de circunstancias extraordinarias como las que han venido sucediéndose desde los tiempos más remotos en la historia de nuestro país. ¡Cuáles no han debido ser y cuántos sobre todo, los sufrimientos de ese pueblo, para que haya consentido en renunciar a todo, a trueque de alcanzar entre gentes extrañas la libertad y los goces que los suyos le negaron!» (Véase: *Lecciones orales sobre la historia de la Isla de Cuba, pronunciadas en el Ateneo democrático cubano de Nueva York*, por Pedro Santacilia.)

III

Al recibir el tercer artículo del diario barcelonés volvimos a creer que por esta vez se cumpliría el tantas veces aplazado compromiso del señor Reynals, el de *emitir su juicio sobre la Isla de Cuba*, o que por lo menos nos diría de qué manera pueden combatirse allí los sentimientos de independencia que, después de haberlos afirmado y después negado, volvió a afirmar al concluir su artículo segundo, con promesa de ocuparse de los medios de combatir dichos sentimientos. ¡Vana esperanza! El señor Reynals se complace en variar hasta lo infinito los epígrafes de sus artículos y en tener siempre en suspenso la curiosidad de sus lectores. *La Nacionalidad de la Isla de Cuba*: tal es el nuevo tema que ahora anuncia, y arremete enseguida con el pobre folleto que parece le ha quitado el sueño, a pesar de no contener otra cosa que insultos y contradicciones, y estar escrito por alguna imaginación calenturienta y parodiadora de sentimientos ajenos.

«El punto de partida, empieza diciendo, del folleto sobre la Isla de Cuba, publicado en París, que ya hemos dado a conocer en otros artículos, es que la política de España en la Isla es la africanización de la misma. Según él, se han introducido y se introducen en la misma negros, no como instrumentos de trabajo, sino como medios de dominación de la raza blanca; no como un mal necesario, sino para intimidarla con su emancipación y obligarla así a reprimir sus sentimientos de independencia».

Perdone usted, señor Reynals: no ha traducido usted exactamente y por completo el pensamiento del opúsculo cubano. Le vamos a ayudar a usted en esta tarea.

La africanización de la Isla de Cuba es una doctísima cuanto diabólica combinación que tiene para España tres objetos distintos a la vez: despojar, oprimir, ejercer una suprema venganza. Siga usted con nosotros la evolución del maquiavélico plan en sus tres aspectos diferentes, y comprenderá su perfecto mecanismo y la cabal trabazón de todas sus partes:

Primera fase: Introducir en Cuba negros esclavos, muchos negros, cuantos negros se puedan. Esta parte del programa es puramente económica y financiera. Los negros son máquinas de trabajo, producen azúcar, café y tabaco, crean la materia imponible. Siendo esclavos no cobran salario, pero hay quien lo cobra en su lugar: el fisco, bajo las diferentes formas de contribución, tiene muy buen cuidado de embolsar la parte que corresponde al trabajador, al mismo tiempo que cobra el impuesto sobre la industria y la producción. ¿Cómo ha de querer el gobierno favorecer el trabajo libre? ¿Cómo no se ha de oponer por cuantos medios indirectos estén a su alcance a que vayan a Cuba trabajadores blancos, cuyo crecido salario disminuiría en otro tanto los ingresos de la contribución? He ahí, pues, el despojo y el primer efecto de la africanización.

Segunda fase: La esclavitud del negro corrompe y desmoraliza al hombre blanco; lo dispone y amolda a recibir el yugo político con todas sus consecuencias. El dominio que al propietario se le deja sobre el esclavo, el gobierno lo recaba con creces sobre el pueblo. Éste no solo paga con su humillación política los derechos que ejerce sobre los siervos, sino que también paga, además de sus salarios, que percibe el gobierno, todas las demás contribuciones y socaliñas que este le quiera imponer. He ahí el despojo combinado con la opresión.

Tercera fase: Despojar y oprimir al fin y al cabo arrastran a un pueblo a la revolución; pero esta tarda tanto más en realizarse cuanto mayor sea la división de castas que en él se haya introducido. Entre amos y esclavos, entre negros y blancos, esa separación llega a su *maximum*. Cuida, sin embargo, el gobierno de que ambas clases no se equilibren en número, porque podrían entenderse para derribar al enemigo común; así es que favorece con todo empeño el aumento de aquella que *produce* y no *piensa*, y contiene el desarrollo de la que siente y discute. Y si a pesar de todo llega un día en que la *inteligencia* triunfe del opresor, éste desencadena la clase del *número* y de la *fuerza* y entrega el país a los horrores de la matanza y de la desolación.[5] De esta suerte una sola y única medida sirve a España para despojar, para oprimir, en todo evento, para vengarse de los que pongan fin a su despojo y a su opresión.

5 El proyecto de africanización de la isla de Cuba, en su última y trágica evolución, no es ya un misterio para nadie. España está hoy ante el mundo no solo convicta por sus actos de esa criminal premeditación, sino *confesa* por la boca de sus ministros, de sus periodistas y de sus funcionarios. He aquí como se expresa un escritor francés en el mismo número y artículo de *La Revue Contemporaine* que ya hemos citado:

«Toda insurrección tiene sus peligros; la de Cuba los acarrearía de una naturaleza particular. En ese país los descontentos pertenecen en general a la clase rica, o por lo menos a la que disfruta de comodidades, y en cuyas manos se encuentran las propiedades. Una tentativa de ese género pondría en juego a la vez su fortuna y su vida. España, que de mucho tiempo atrás tenía prevista esa eventualidad, cuidó de organizar en regimientos a millares de negros libres. El día que estallase una insurrección y estuviese a punto de triunfar, ella no vacilaría; no solo pondría en campaña sus tropas regulares sino también los negros libres, y desencadenaría a los esclavos contra los insurrectos. Estos, ebrios de aguardiente y de venganza, no tardarían en renovar allí los horrores de Santo Domingo. Las casas incendiadas, las heredades destruidas, las familias huyendo del fuego y de la matanza, esas mansiones suntuosas que cobijaban la opulencia y la felicidad súbitamente convertidas en escombros humeantes, la floreciente Cuba chorreando sangre y removida hasta en sus cimientos como por un terremoto; ¡he ahí cuáles serían las consecuencias inmediatas e irreparables de una insurrección! Los americanos intervendrían, si quisiesen, pero llegarían tarde a ese teatro de sangre y de ruinas.

Por lo demás, el gobierno no ha hecho un misterio de sus intenciones: después de los avisos confidenciales dados a los criollos han venido las declaraciones públicas. Pocos años después de la expedición de López, dos periódicos españoles emitían el mismo lenguaje. «Es preciso que todo el mundo sepa, tanto dentro como fuera, decía *El Heraldo de Madrid*, que la Isla de Cuba no puede ser más que *española o africana*. Si los españoles se vieren forzados un día a abandonar la Isla, no lo harán *sin haber entregado antes el poder a los negros*, así como el comandante de una batería, después de haberla defendido hasta lo último, enclava sus cañones para que sean inútiles al enemigo».

No es menos explícita *La Crónica*, órgano de España que se publica en Nueva York: «Si por las consecuencias desfavorables de una guerra hubieren de romperse los lazos que unen la raza castellana con los colonos de Cuba, España *armaría a sus africanos*, se serviría de ellos como auxiliares todo el tiempo que pudiese, y cuando ya conociese la inutilidad de su resistencia, les daría la libertad en recompensa de sus servicios». Así, pues, los órganos españoles declaran que la insurrección de los blancos se encontraría frente a frente con la insurrección de los negros. Acaso se crea en Europa que esta amenaza es de aquellas que nunca se ejecutarían, y que solo se emplea como medio de intimidación. Error grave: todos los que han podido ver de cerca la situación saben que no son los medios ni la voluntad los que faltan para poner por obra ese pensamiento».

A estos testimonios agregaremos dos o tres extractos de la *Revista Militar* de Madrid, de 4 de enero de 1855, que traducimos de un folleto en lengua inglesa que tenemos a la vista titulado *The Island of Cuba*:

«Con formar en Cuba columnas militares de infantería y de caballería, semejantes a las que propuso *La Revista* en su número de 10 de febrero de 1853; dándoles suficiente extensión *a las de los negros*, no solo por razón de su menor costo, sino también *para preparar a esa raza a que coopere en nuestro favor*, cuando la ocasión se presente; con mejorar la condición de los esclavos y de los libres, y favorecer en cuanto se pueda la emancipación de los primeros, que ha sido hasta ahora el freno más grande que ha tenido Cuba para abstenerse de conatos de emancipación políticas...

De esta manera, a la vez que se mejoraría la condición de aquellos insulares, haciéndoseles menos gravoso el gobierno metropolitano, y menos apetecible

es la *africanización* de Cuba tal cual la pinta el folleto y la conocen todos los que de algunos años a esta parte observan la política de España respecto de su colonia. La necesidad del trabajo del negro en Cuba, sostenida por la prensa oficial del gobierno, y aun por ciertos diputados poco escrupulosos del Congreso, es el manto con que hasta ahora se cubrieron esas iniquidades. Las plumas cubanas lo han rasgado ya para siempre. Y como semejantes medios y propósitos de España son no solamente una violación del derecho personal, del derecho de gentes y de los tratados escritos, sino también un acto inicuo de inmoralidad pública, y un ataque premeditado contra la final evolución del progreso y de la prosperidad de Cuba, a la vez que una amenaza y un peligro para la paz y la seguridad de todos los pueblos que la rodean, por eso y con sobradísima razón ha podido afirmar el folleto «que en la cuestión de Cuba no se trata solamente de contiendas entre España y los Estados Unidos, sino sobre todo, y ante todo, del porvenir y civilización del Nuevo Mundo». Si al señor Reynals no le es dado elevarse a las alturas de la moral abstracta y de los grandes intereses humanitarios, comprenda al menos los derechos que produce y los deberes que impone el estado de sociedad y de mutua solidaridad a que han llegado hoy las naciones. Así como entre ciudadanos están éstos interesados y facultados para impedir la perpetración de ciertos crímenes, así también entre naciones pueden y deben éstas atajar un mal en que todas pudieran ser partícipes. La africanización de Cuba que resume la violación de todos los derechos divinos y humanos, y

---

la anexión, verían que si la Isla puede sernos arrebatada, *no sería para ellos, ni para los Estados Unidos, sino para los negros...*

...Así también aprenderían, por mucho que les pesase, que tienen que abandonar sus sueños de independencia y de anexión, *porque esa Isla no puede tener otra alternativa que ser española o africana*».

que envuelve además convulsiones y peripecias cuyas consecuencias se harían sentir en todo el mundo cae, pues, dentro de la jurisdicción del derecho internacional y tiene todos los títulos imaginables para ocupar la atención de los congresos. Que el señor Reynals como español, esto es, como parte interesada, no lo sienta así, lo comprendemos; que lo niegue como catedrático y expositor de derecho es lo que no admite justificación ni disculpa. Verdad es que concede «que el tráfico de negros es el único lado europeo de la cuestión cubana», porque ha sido objeto de tratados, y «que la emancipación de los esclavos es lo único que puede tener interés para Europa, porque es cuestión de humanidad». Hay en nuestros *hermanos* los peninsulares una ingenuidad que los hará para siempre célebres en esta cuestión de Cuba. De las declaraciones del señor Reynals se deduce que los habitantes *blancos* de aquella colonia pueden ser despojados y oprimidos porque no han sido objeto de tratados, y que su esclavitud política no es, como la esclavitud de los negros, cuestión de humanidad que pueda ni deba interesar a la Europa. Ese es el pensamiento *africanizador* en toda su malicia y con todas sus amenazas. Nosotros esperamos que la Europa y todo el mundo civilizado protestarán en su día contra esa cómoda jurisprudencia que solo aprovecha a los gobiernos tiranos y opresores.

El señor Reynals, sin embargo, no cree a España tan culpable como se pretende, en la cuestión del tráfico y de la esclavitud de los negros. El folleto había demostrado, no con seis citas cabales, como dice el señor Reynals, sino con más de ciento, y con gran copia de razones y documentos que los cubanos mucho antes de lanzarse a la revolución habían condenado y representado contra el tráfico de esclavos, movidos únicamente por consideraciones de justicia y de humanidad que fueron criminalizadas y castigadas con el mayor rigor por el gobierno español de Cuba.[6] ¿Qué responde a eso el señor Reynals? «Que las leyes españoles no han prohibido la emancipación de los esclavos ni el trabajo libre; que no ha impedido la formación de pactos secretos entre los propieta-

6 A las numerosas pruebas consignadas en el folleto: *La Cuestión de Cuba*, acerca de la oposición que en todo tiempo hicieron los cubanos a la continuación del tráfico negrero, queremos agregar aquí algunas otras. Antes que ser los cubanos causa de ese vergonzoso comercio de carne humana, han manifestado su oposición a él, y aun solicitado y suplicado que se suprima al través de la política española, interesada en conservarlo. En las épocas de 1779, 1811, 1841 y 1843 se expresaron esos deseos por corporaciones o individuos, que recibieron por respuesta el desagrado, la persecución del gobierno y la continuación de la trata. Si hay culpa, toda, toda es del gobierno, decía el ilustre habanero don Francisco de Arango y Parreño, en una representación del Ayuntamiento de La Habana elevada a las Cortes en 1811. Y añade más adelante:

«V. M., señor, debe reconocer que el arrancar de su país los infelices negros y mantenerlos aquí en la esclavitud en que se hallan no es obra de los particulares, sino de los soberanos que nos pusieron en tal caso... Felices nosotros, si en vez de tener tan peligrosos compañeros, fuésemos todos unos, o a lo menos conservásemos la desgraciada raza que encontró sobre este suelo su inmortal descubridor; pero toda pereció a manos de la ignorancia».

La Cámara de los Comunes de Inglaterra en 7 de julio de 1853 nombró una comisión de su seno, compuesta de quince miembros, entre ellos lord Stanley, lord Harray Vane y otros tan respetables como éstos, con el fin de que, autorizados competentemente para citar personas, pedir documentos, y hacer libremente cuanto creyesen oportuno al efecto, ministrasen un informe acerca de los tratados existentes entre su nación, Portugal y España, al mismo tiempo que sobre las sumas entregadas a estas dos naciones por este respeto; y por último sobre el modo con que han cumplido sus tratados.
Después de varias sesiones, este comité extendió su informe fechado en 12 de agosto del mismo año, presentándolo enseguida al Parlamento, pocos días antes de cerrarse las sesiones. Contiene 28 párrafos, de los cuales hay diez referentes exclusivamente a Cuba.
Este informe titulado: *Report of the select committee of the House of Commons*, se publicó íntegro en varios periódicos de Londres. Damos a conti-

nuación el análisis que de ese documento hizo *La Verdad de Nueva York* en su número de 20 de noviembre 1853:

«Resulta de este trabajo que Portugal y el Brasil cumplen religiosamente sus tratados, mientras que Cuba y Puerto Rico, o mejor dicho, España sostiene con mengua de las convenciones más sagradas el infame comercio de esclavos con África; que en la Isla de Cuba se introducen negros del último punto con anuencia y conocimiento de las autoridades españolas; que este comercio se hace allí con la más escandalosa publicidad; que los vapores correos ponen en tierra los negros recién llegados... {(1) Suprimimos aquí nombres y cosas porque no nos place personalizarlas}; que el capital que se emplea en este comercio pertenece, en su mayor parte, a personajes españoles, algunos de ellos residentes en Madrid y con conocimiento del Gobierno Supremo; que España ha recibido de Inglaterra, como pago de su promesa para hacer cesar la trata de esclavos, la suma de 225.000 libras esterlinas en efectivo; que todas las probabilidades están porque en Cuba, mientras sea colonia española, no cesará este abuso; y concluye por fin diciendo que Inglaterra, Francia y los Estados Unidos deben combinarse para obligar a España a que finalice el comercio de carne humana y cumpla sus compromisos.

Hasta aquí lo publicado en los periódicos de Londres: veamos si la parte no publicada, o sea los pormenores en que el informe descansa, corresponde lógicamente a su consecuente.

El Comité tuvo ocho sesiones, en las que examinaba documentos, o individuos citados al efecto de aclarar la verdad, con el fin de apoyar su resultado en hechos irrefragables. Entre las personas que comparecieron para dar informes en la parte relativa a Cuba fue una de ellas el capitán Compatrick Baile Hamilton de la fragata *Vestal*, y dijo haber encontrado a bordo de un buque negrero apresado sobre las costas de Cuba muchos documentos que acriminan a las autoridades españolas; que a la *Venus*, buque negrero apresado por él, se le permitió salir de la bahía de La Habana a medianoche, cosa que a nadie se le permite; que de los documentos de que como apresador se hizo dueño consta, que los vapores correos españoles se emplean en poner en tierra los cargamentos de los buques negreros; que el vapor *Isabel* hizo un desembarco de negros cerca de Cienfuegos; que los que hacen el comercio de negros *no son cubanos sino españoles y principalmente catalanes*; que personas y de alta posición en España están interesadas en ese tráfico; que hay motivos para sospechar que el *Arrogante Emilio* pertenece a una alta autoridad española; que la conducta observada por el general... cuando el apresamiento de este buque, ha sido distinta de la que ha observado cuando han sido apresados otros buques pertenecientes a particulares, que se apoderó del buque con fuerza armada, siendo presa inglesa, y que los soldados españoles sacaron del buque todo lo que probaba su calidad de negrero, y por último, que de todos estos hechos podía certificar Mr. Crawford, cónsul inglés en La Habana.

Se leyó enseguida, íntegro, el parecer del mismo Crawford sobre el asunto del *Arrogante Emilio*, el cual no solo estaba en perfecto acuerdo con lo relatado sino que añade, *que los naturales de Cuba miran con desagrado la continuación del tráfico y que el gobierno español lo protege* a despecho de los cubanos; que quienes hacen este comercio son *naturales de España*; que Cuba está rodeada de cruceros españoles que no se oponen al tráfico; que las expediciones para las costas de África se preparan en La Habana con la mayor publicidad y escándalo y con conocimiento y participación de las autoridades españolas; que los criollos de Cuba son enemigos del tráfico y partidarios del sistema político americano; que... Aconseja, por último, al gobierno inglés que en vez de mantener sus buques cruzando sobre las costas de Cuba, los envíe a bloquear a Cádiz y Barcelona, seguro de que éste es el único medio de obligar al gobierno español a cumplir sus compromisos.

A continuación el honorable Mr. Ward, superintendente del *Slave Trade Department*, en el ministerio de Negocios Extranjeros, leyó importantes documentos en apoyo de estos hechos, concluyendo como el anterior, en que estaba plenamente convencido de que el gobierno español patrocinaba el tráfico de negros.

Lo mismo que Hamilton y Knox, declaró Mr. S. Leggins que ha estado recientemente en Cuba y viajó por ella con solo el objeto de cerciorarse de esta verdad.

El comandante de una fragata inglesa de guerra, Mr. N. Seymour, declaró en perfecta armonía con los anteriores ya citados, al extremo de no dejar duda.

M. Kennedy, juez que fue de la comisión mixta y que ha residido en La Habana catorce años, concurrió también a declarar, pintando con los negros colores que se merece la conducta de los Capitanes Generales de la Isla de Cuba y demás empleados españoles, además de estar acorde con las anteriores declaraciones y relatos de Hamilton, Knox, Ward, Leggins y Seymour.

Por último, y además de las justificaciones referidas, y otras tan auténticas como ellas, se tuvieron presentes para la resolución del Comité, gran copia de documentos justificativos de la *integridad* con que el gobierno español sabe cumplir sus compromisos más solemnes, figurando entre ellos los despachos de lord Aberdeen de 184.., en que se queja de la falta de cumplimiento por parte de España a sus tratados; las que este señor estableció contra la conducta de ..., pidiendo su deposición al gobierno de Cuba; todos los informes anuales de los agentes del gobierno inglés actual en Cuba; las quejas del cónsul inglés actual, Mr. Crawford, hasta la última fecha, inclusos los pormenores del negocio Zulueta, lady Luffolk, trata de chinos, &c».

rios para no comprar esclavos y manumitir los que ya se tienen; que los cubanos no han agitado la prensa española en el sentido de la emancipación, como agitan con calumnias la prensa extranjera».

Respecto del primer particular, esto es, que las leyes españolas no han prohibido la emancipación *individual* de los esclavos, estamos conformes. Producto de otros tiempos y de otros sentimientos, esas leyes honran a los que las concibieron y promulgaron; pero ni aquí se trata de emancipación individual, que aunque copiosamente practicada por los propietarios cubanos, en nada afecta la condición política y social de la Isla de Cuba, ni en todo caso puede nunca esa medida producir otro resultado que aumentar la rivalidad de clases que tanto favorece la dominación española en el país. Lo que las leyes debieran prohibir, mejor dicho, lo que debieran impedir los que están encargados de su ejecución, es esa introducción incesante y escandalosa de nuevos esclavos que hace ilusoria la emancipación individual, que dificulta cada día más la abolición *general* de la esclavitud y que nos lleva derecho a la completa africanización del país, que es la política denunciada por el folleto.[7]

7 Nos repugna el hacernos aquí intérpretes de las quejas y acusaciones que contra determinadas personas se hacen en la actualidad con motivo de la continuación del tráfico negrero en Cuba. Lo que nos importa es comprobar que ese comercio infame sigue haciéndose en aquel país, como lo demuestran los hechos que no ha muchos meses se manifestaron en el Parlamento inglés, dando lugar a notas diplomáticas y a explicaciones que todo el mundo conoce. Los adelantos modernos de la navegación se aplican ahora por los negreros para hacer más expedito ese tráfico. He aquí lo que con fecha 8 de mayo del presente año escriben de La Habana:

«¡Asómbrense ustedes! Ya las expediciones negreras no se hacen en buques de vela sino en buques de vapor. Dos de estos monstruos marinos asomaron ahora cuatro días por las costas de la preciosa Antilla, por la parte de *Sagua la Grande*, y no faltó algún asustadizo barquichuelo que viniese a este puer-

Que España no prohibió el trabajo libre en Cuba. Donosa manera de argüir cuando la mayor parte del folleto que se combate está consagrada a demostrar por qué medios ha logrado España hacer imposible el trabajo libre y forzoso el trabajo esclavo. ¿Qué importa que esa imposibilidad y esa fuerza provengan, no de leyes positivas y directas, sino de las condiciones a que indirecta pero no menos eficazmente se sujeta allí la producción? ¿Qué importa que no haya prohibición escrita para el trabajo libre, si las trabas y entorpecimientos de toda clase con que se aleja del país la inmigración de trabajadores libres no dejan otro camino abierto que la importación de negros africanos?

¿Qué otra cosa prueba el hecho de comprarse esclavos por los propietarios de tierras si no es la absoluta necesidad en que los ha colocado el régimen vigente de apelar a ese recurso si no querían ver inutilizados sus capitales y destruidas sus heredades? ¿Lo hicieron acaso sin protestar repetidas veces contra la violencia que se les hacía? ¿Nada prueban al señor Reynals los numerosos hechos consignados en el folleto; nada esas frecuentes representaciones de las corporaciones del país que el señor Reynals juzga decisivas cuando le convienen; nada las persecuciones de que fueron víctimas los más osados entre los protestadores contra el tráfico de

---

to, con el objeto de avisar al gobierno que por aquellos mares había dos vapores con gente sospechosa (en el sentido filibustero). Figúrense ustedes la alarma que tal noticia no causaría, y los aprestos militares que se harían para empezar la campaña y *seguir la pista a los enemigos del orden*; salieron inmediatamente dos buques de guerra, se repartió doble ración a la tropa... El diablo que sepa la que se armó, que lo que es en cuanto a lo de los vapores, demasiado sabemos todos los que tenemos la dicha de vivir bajo este hermoso cielo de Cuba, que fueron *mil setecientos lucumíes o gangáes*, o lo que se quiera, en cuanto a la nacionalidad, pero no en cuanto al número. ¿Qué tal? ¿Vamos viento en popa hacia...? No lo quiero decir porque sé que ustedes lo saben también como yo».

esclavos; nada esas expatriaciones *ab irato* fulminadas contra los sospechados de abrigar sentimientos abolicionistas?

También nos habla el señor Reynals de asociaciones y de pactos que debieron formar los propietarios de Cuba, y no han formado, para no comprar negros y manumitir los que ya poseyesen. Todo lo que acabamos de exponer responde de por sí a esta objeción; pero suponiéndola de algún valor y que en efecto debieran los cubanos apelar a ese recurso, ¿ignora el señor Reynals que estando prohibida en aquel país toda clase de asociaciones, las que se forman en secreto, con cualquier fin que sea, son perseguidas allí como delitos de infidencia y sus promovedores entregados al brazo secular de las comisiones militares? ¿Se ha detenido a considerar las penas que sobre sí atraerían los que conspirasen en secreto para burlar las medidas de africanización que son la base de la política española en Cuba? ¿A sus oídos no ha llegado, entre otros muchos casos, que Don Joaquín de Agüero, propietario de Puerto-Príncipe y uno de los que más tarde pagaron con su cabeza el crimen de amar demasiado a su patria, tuvo que fugarse a los Estados Unidos en 1817 de resultas de la causa que se le formó por haber emancipado a once esclavos que poseía?

Que no hemos agitado la prensa española en el sentido de la emancipación de los esclavos. Suponemos que aquí se refiere el señor Reynals a la prensa de la península y no a la de Cuba donde semejante acto procuraría a sus perpetradores un estrecho conocimiento con los presidios de Ceuta. ¿Y quién ha dicho al señor Reynals que no se intentó esto repetidas veces y por diferentes individuos, no ya en verdad abiertamente en favor de la abolición de la esclavitud, pero sí abogando resueltamente por la supresión del tráfico que es la medida preparatoria de aquella? Folletos y artículos de periódicos se publicaron en distintas ocasiones, tanto en París y en Londres como en Madrid, que parece no han llegado a noticia del señor Reynals. Por poco que lo desee nos comprometemos a remitirle desde aquí un cargamento entero de esas diferentes publicaciones. Aun así, y a pesar de estar redactados muchos de esos escritos en un sentido muy favorable al gobierno español, sus autores se hicieron sospechosos a las autoridades peninsulares y se vieron conminados y alguno expulsado de España. Los nombres de Saco, Delmonte, Armas y otros, las opiniones que dejaron consignadas acerca de esa cuestión, en que para nada figuraban entonces la política ni la revolución, son otras tantas demostraciones de que por parte de los cubanos nada ha quedado por hacer para probar a España y al mundo entero cuáles son sus verdaderos sentimientos respecto del tráfico y de la esclavitud.[8]

Hoy, en efecto, la cuestión se ha complicado; tiene un doble aspecto, político y humanitario; hay dos banderas, la de

8 Recomendamos al señor Reynals, sobre todo, la lectura de los siguientes escritos del esclarecido cubano don José Antonio Saco, no solo por su excelencia intrínseca, su erudición y la belleza de la forma literaria; no solo porque alguno de ellos fue causa, en gran parte, de la expatriación que todavía sufre nuestro distinguido compatriota, sino porque habiendo sido elegido el señor Saco, tres veces consecutivas, diputado a Cortes por Cuba, cuando ésta no estaba despojada, como hoy, de sus derechos políticos, ese solo hecho prueba que las opiniones por él vertidas, acerca del tráfico y de la esclavitud, en esos diversos trabajos, son las que abrigan los cubanos, y las que han querido ver triunfar en la esfera del gobierno de su país:
— «Análisis por don José Antonio Saco de una obra sobre el Brasil intitulada: *Notices of Brasil in 1828 and 1829*, by Rev. R. Walsh, autor of *A Journey from Constantinople*, etc.».
Este trabajo se publicó en el n.° 7.° de la *Revista Bimestre Cubana*, año de 1832, y en él fue donde por primera vez se trató la grave cuestión del contrabando de esclavos africanos en Cuba. Los negreros alzaron el grito contra su autor; viose éste calumniado y perseguido; maquinose la venganza, bus-

cáronse pretextos con que cohonestarla, y en castigo de sus sanas intenciones recibió al fin los honores de la expatriación.

— «Carta de un patriota o sea clamor de los cubanos dirigido a sus procuradores a Cortes». Este papel se escribió en Madrid en 1833, y después de haber recorrido uno por uno todos los censores de esa capital, ninguno se dignó permitir su publicación. Al cabo de un año fue cuando logró que se imprimiera en Cádiz. ¿Y sabe el señor Reynals por qué se le declaró la guerra en la península? Porque entre otros capítulos contenía uno sobre el comercio de negros en el que, entre otras cosas, se decía: «He aquí uno de los puntos capitales en que es preciso que nuestros procuradores manifiesten todo su celo y patriotismo. La humanidad, la religión, el clamor de la justicia, el cumplimiento de los tratados pendientes con Inglaterra, el interés mismo de España, su honor altamente comprometido, y la salvación de Cuba, cuya existencia está amenazada de muerte, piden a gritos la pronta extinción del contrabando negrero». Nobles y elocuentes palabras, tanto menos sospechosas, cuanto que en la fecha en que las escribió el señor Saco, Cuba gozaba de todos sus derechos políticos y ni siquiera soñaba en la revolución. No menos dignas y expresivas de los sentimientos de los cubanos eran las frases que más adelante y en el mismo capítulo agregaba el escritor: «Imposible sería que reclamando la abolición del tráfico africano, dejásemos de abogar en favor de la *colonización blanca*. De ella depende el adelantamiento de la agricultura, la perfección de las artes, en una palabra, la prosperidad cubana en todos sus ramos, y la firme esperanza de que el vacilante edificio cuyas ruinas nos amenazan, se afiance de una vez sobre bases sólidas e indestructibles».

— Siguiendo el orden de fechas señalamos una Memoria intitulada: *Mi primera pregunta*, publicada en Madrid en 1837, y cuyo objeto era probar que la abolición del comercio de negros no podía arruinar, ni atrasar la agricultura de la Isla de Cuba. Este papel, notablemente mejorado y aumentado, se reimprimió en París en 1844 bajo el título de: L*a supresión del tráfico de esclavos africanos en la Isla de Cuba, examinada con relación a su agricultura y a su seguridad*, por don José Antonio Saco. Este trabajo, por su importancia y por los numerosos datos estadísticos que encierra, es clásico entre los cubanos, y mereció los honores de la traducción y reproducción en la *Revue Coloniale de Paris* de 1845. Para que no crea el señor Reynals que lo inspiró ningún sentimiento hostil a España, copiamos a continuación una de las cinco advertencias con que lo acompañó su autor. Dice así: «Época es la presente de regeneración para España, y ¿cuál puede ser más propicia para que Cuba se regenere, *dando fin a un comercio que mancha nuestro carácter*, y conduce nuestra Antilla a una situación que nos puede ser muy funesta? Ruego, pues, a todos los periodistas nacionales, de cualquier opinión política que

la africanización, que representa la política y los intereses del gobierno español y de sus empleados y traficantes; y la de *desafricanización*, como la llama el señor Reynals, que aspira a destruir por lo pronto el tráfico de negros como medida preparatoria e indispensable para la abolición de la esclavitud: ésta es la bandera cubana, la que representa los intereses y las aspiraciones políticas de aquella comunidad. La primera, la española, se propone contra todo principio de justicia y de moralidad explotar la colonia, oprimirla y dominarla hasta el momento en que le plazca abandonarla a la raza negra; la segunda, la cubana, en consonancia con la justicia, con la humanidad y con el progreso, aspira a la

---

sean, que den treguas por un momento a sus disputas de partido; que se ocupen en este asunto con un interés verdaderamente español, y que abriéndole francamente las columnas de sus periódicos, suplan y enmienden con sus luces las faltas y los errores en que yo pueda haber incurrido. De este modo harán a la patria un servicio señalado, y a mi persona un favor que siempre agradeceré». Los periodistas españoles permanecieron mudos, el mal ha adquirido después proporciones inmensas, y ahora nos sale el señor Reynals con *que los cubanos no han agitado la prensa española, como agitan con calumnias la prensa extranjera*!

Terminaremos esta nota con una observación que tiene grandísima importancia en el debate suscitado por el señor Reynals. Las ideas sobre el tráfico y la esclavitud de los negros emitidas por el señor Saco en las publicaciones que acabamos de enumerar, e incidentalmente reproducidas con posterioridad en una célebre polémica con el señor don Vicente Vásquez Queipo, fiscal de la Real Hacienda en Cuba (Véase *«Carta de un Cubano» a un amigo suyo, impresa en Sevilla en 1847, y «Réplica de don José Antonio Saco», impresa en Madrid en el mismo año*) pudieron hasta cierto punto alarmar la suspicacia de España, respecto de sus intenciones y tendencias políticas; pero después de 1848, cuando el mismo señor Saco se ha pronunciado abiertamente contra la revolución cubana, y publicado unos cuantos folletos en que condena la anexión de Cuba a los Estados Unidos, y todo pensamiento de separar la Isla de su metrópoli, no se concibe que haya continuado este insigne patricio siendo objeto de reprobación para el gobierno español, si no es porque fue el primero y más elocuente denunciador que tuvo la *política africana* en Cuba.

libertad social y política de la patria como medio de conservar a Cuba para los altos fines de la civilización blanca. ¿Cuál de estos dos partidos es el partido del derecho, de la razón, de la moral? ¿En cuál de ellos se afiliaría el señor Reynals si hubiera tenido la suerte o acaso la desgracia de nacer en Cuba? ¿Cuál de ellos le parece que triunfará el día que se traiga la cuestión al terreno internacional?

IV

Entrando ahora en la cuestión suscitada por el señor Reynals sobre si tiene o no Cuba una nacionalidad propia, si la cuestión cubana tiene uno solo o muchos lados diplomáticos o internacionales, le haremos observar ante todo que el folleto a que se contrae en su polémica no ha invocado ni una sola vez el principio de nacionalidad con aplicación al caso de Cuba. Antes por el contrario y en esto excusado es decir que disentimos del autor del folleto, ese escrito antepone a toda otra consideración la de que la Isla de Cuba se mantenga unida a la nacionalidad y a la civilización españolas que para nosotros son cosas muertes en América.

También debemos advertir al señor Reynals que se toma un trabajo inútil en amontonar argumentos sobre argumentos para probar que no existe la nacionalidad cubana, y que por consiguiente carece de todo título para ocupar la diplomacia y los congresos. Supongamos por un momento que saliere triunfante el señor Reynals en la empresa de despojar a Cuba de toda razón a ser considerada como una nacionalidad distinta, aferrándose al sentido que a esta palabra dan los publicistas de la antigua escuela diplomática, ¿dejarán por eso de subsistir los fundamentos no solo *racionales* sino *reales* en que descansa la apelación establecida por los cubanos ante el jurado de las naciones? ¿Tendría por eso España el derecho de perseverar en un sistema que, escandaloso e inmoral en el terreno de los principios, abre las puertas a perturbaciones y conflictos internacionales, y amenaza destruir el equilibrio político en aquella parte del mundo? ¿Se encierra acaso el derecho de gentes dentro de los límites de los tratados o de las tradiciones históricas? ¿No fueron los tratados los que consagraron la esclavitud de Italia, de Polonia y de Hungría, y los que hoy se trata de abolir por el cañón o por la diplomacia? Y por fin, ¿qué otro objeto se tiene ahora en vista, al nombrar el principio de nacionalidad, si no es el de acabar con la tiranía y las opresiones, tengan el nombre que tuvieren, por ser éstas el origen de todos los males y miserias que aquejan a las naciones? Todo pueblo oprimido y descontento es una nacionalidad con derechos; todo pueblo opresor es un extranjero y un enemigo que viola el derecho de gentes, y como tal puede ser emplazado ante el tribunal de las naciones civilizadas. España se cree muy segura en su impunidad cuando invoca sus derechos históricos y etnológicos para despojar y oprimir a Cuba, ¡como si esos derechos no fueran hoy tan cuestionables como los que tiene el parricida para ahogar y destruir a su propia prole!

Pero ¿es cierto que Cuba no tiene hoy una nacionalidad propia y distinta de la nacionalidad española? Para resolver esta cuestión preciso es no confundir el principió con su realización, el derecho con el hecho, la nacionalidad con la nación. Tiene nacionalidad natural todo pueblo que en un espacio geográfico determinado reúne los elementos constitutivos de un organismo político distinto y capaz de funcionar con provecho propio y de los demás miembros políticos o naciones. La identidad de origen, de habla, de instituciones y costumbres puede reunir bajo una unidad superior, bajo un solo gobierno y única nacionalidad diversos miembros geográficos que son entonces provincias distintas de una misma nación. La nación y la nacionalidad son perfectas, en el sentido natural y en el sentido jurídico, cuando el hecho y el derecho, cuando la comunidad de intereses y de aspiraciones imprimen su sello a la identidad histórica y etnológica que constituye la asociación nacional de esas mismas provincias. Pero cuando esos derechos, esos intereses y aspiraciones no se satisfacen en la asociación, entonces las diferencias geográficas, la diversidad de aptitudes naturales o adquiridas recobran la preponderancia, y aflojan o rompen el lazo moral que unía e identificaba todas las partes de un mismo cuerpo político. La nación y, si se quiere, la nacionalidad diplomática, persistirán entonces mientras dure el hecho; pero el derecho ha desaparecido y con él la nacionalidad natural y colectiva, que se fracciona en tantas nacionalidades naturales cuantos sean los miembros perjudicados y capaces de constituir una nueva unidad. La historia de los pueblos no es otra cosa que la historia de las oscilaciones y de los cambios por los que han pasado las diversas nacionalidades, de su composición o de su descomposición, sea natural, sea violenta y arbitraría o impuesta por las armas o por la diplomacia. Considerada así la cuestión —y no cabe hacerlo de otro modo si se han de respetar los primeros principios de las cosas— bien puede afirmarse que todo el problema de la política moderna consiste en descubrir, en favorecer y sancionar las diversas nacionalidades naturales, como que todas ellas tienen una función providencial que ejercer en el drama de la humanidad.

A la luz de estos principios es fácil concluir que si Cuba tuvo hasta ahora confundida su nacionalidad con la nacionalidad española, porque unos mismos fueron, no solo su origen, su lengua y sus costumbres, sino también sus instituciones, sus intereses y derechos; divididos y violados éstos, recobró por ese solo hecho su nacionalidad orgánica y especial que en ese caso resulta, por una parte, de su aislamiento geográfico, de la índole especial de su territorio y de sus producciones, y de las aptitudes de la raza que la habita ya modificada por el clima; y, por otra parte, de los nuevos intereses y derechos que para ella ha creado la violación de los que participaba en común con los demás miembros de la nación española; a lo que hay también que agregar, como complemento, su capacidad virtual de realizar en el tiempo y en el espacio una personalidad fructuosa para sí y para las demás nacionalidades constituidas.

En el día y la hora en que las Cortes españolas decretaron que Cuba sería gobernada por leyes especiales —lo que en el hecho se ha venido a convertir en que no gozaría de los mismos derechos que las demás provincias de la monarquía— en ese día y en esa hora se desplomó la nacionalidad española en Cuba y dio su primer vagido la nacionalidad cubana, adquiriendo conciencia de sí misma, de su personalidad y autonomía absorbidas hasta entonces en un organismo más complejo y general. Después acá no ha transcurrido un solo instante sin que se ahonde y se ensanche más y más el abismo que divide hoy las dos nacionalidades. Separada Cuba de España por el anchuroso Atlántico, no lo está menos ahora por los intereses y los sentimientos, por las esperanzas que abriga y por las odios que en ella encendieron la persecución y los cadalsos. Todo hombre nacido en Cuba desde que puede sentir sabe que está allí el *extranjero*, el que surcó los anchos mares para comprimir y ahogar una personalidad que van proclamando a porfía los cielos y la tierra y cuanto le rodea ese mundo americano, tan distinto del europeo en todos sus caracteres esenciales. Lo que la naturaleza había distinguido desde el principio, la injusticia de España logró quebrantarlo y separarlo para siempre. Y si no tiene nacionalidad propia un pueblo numeroso que así siente y piensa, que tiene conciencia de su valer y de su poder, que posee un vasto territorio aislado por el Océano de los demás, y todos cuantos elementos son necesarios, materiales y morales, para funcionar con independencia, con honra y con utilidad entre la familia de las naciones; si un pueblo así constituido, volvemos a decir, y con atributos tan peculiares y potentes carece de la nacionalidad natural, entonces cambiemos el significado de las voces, y acusemos a la Providencia de que procede al acaso en la distribución de las facultades y aptitudes que sembró en el mundo físico y moral.

El error del señor Reynals y de los que como él piensan, al negar la nacionalidad cubana y las consecuencias que de ella se desprenden, consiste en circunscribir a estrechísimos límites el *derecho nacional*, es decir, el derecho que tienen los pueblos mayores de edad de realizar su unidad política y de constituirse autonómicamente dentro de sus límites naturales, mientras que por otra parte, y desconociendo por completo el progreso de las ideas y de la civilización, afirman y pretenden mantener en toda su latitud y vigor el *derecho feudal o señorial*, es decir, el derecho que se atribuyen ciertos gobiernos de conservar bajo su tutela, y dependencia a pueblos y provincias que pertenecieron a nacionalidades diferentes o que han alcanzado una propia en el desenvolvimiento de sus destinos. El error, o mejor dicho, el artificio de que también se valen a menudo es el de confundir la raza o la historia de un pueblo con su nacionalidad, como si esos elementos, sin duda importantes cuando concuerdan con el derecho, pudieran ser invocados en oposición a aquella ley natural de desarrollo que así a los pueblos como a los individuos les demarca a cada uno su puesto y su personalidad, a aquéllos entre las naciones, a éstos entre los hombres. No quieren o fingen no comprender «que así como se respeta la naturaleza humana en el niño porque en él se ve al hombre futuro, de la misma manera debe reconocerse y respetarse en todo pueblo, no constituido aun o sujeto a una autoridad exterior, la *entidad nacional* que en él se encierra siempre, aunque a menudo al estado latente, y que acabará tarde o temprano por manifestarse, sea afirmándose en su independencia, sea uniéndose a otras colectividades, según sus afinidades de raza, de lengua o de posición geográfica». Estas palabras de un autor francés se aplican con toda propiedad a la cuestión que venimos debatiendo. Esa misma es la situación a que ha llegado hoy Cuba. Nadie, sino los obcecados o los ignorantes, podrá desconocer en ella el derecho, la aptitud, la personalidad moral, que son los que esencialmente constituyen el principio de nacionalidad, y los que comprimidos y hollados por la fuerza perturban el orden en el mundo político, así como en el orgánico producen desarreglos y la muerte, la compresión o supresión de determinados, órganos y funciones. Las nacionalidades, como dice el autor ya citado, son los órganos indispensables del gran organismo humanitario.

La cuestión de Cuba no difiere, pues, de la cuestión de Italia, de la de los Principados Danubianos, de otras muchas que están sobre el tapete de la diplomacia, sino en el nombre. En todas ellas uno mismo es el objeto final que se propone la intervención colectiva de las demás potencias, el de impedir la explotación de unos pueblos por otros, el de sofocar en su origen la causa permanente de las revoluciones y de los conflictos internacionales. ¿Qué importa que en unas se trate de nacionalidades ya muertas o expirantes, y en otras de nacionalidades nacientes y con derecho a la vida? ¿Ni qué hace al caso que la autonomía de las unas fuera destruida en una orgía diplomática como dice el señor Reynals, y la de las otras en una orgía de legisladores, como decimos nosotros con referencia al caso de Cuba? Unas mismas son las consecuencias de ambos atentados, uno mismo el remedio que urge aplicarles, una misma la marcha trazada a los poderes arbitrales que hoy tienden a constituirse para el triunfo del derecho y la consolidación de la paz en el mundo. Luego también ¡qué inoportuna época escogió el señor Reynals para citarnos la jurisprudencia de los tratados, ahora que se deshacen con la punta de la espada, y que se revisan o destruyen en los congresos, ahora que las nacionalidades impuestas por la fuerza o mantenidas por las bayonetas van a ceder el puesto a las nacionalidades creadas por la naturaleza y reclamadas por la civilización!

Desengáñese el señor catedrático. Hace ya tiempo que Cuba adquirió esa personalidad moral que le quieren disputar sus opresores, y a tal extremo se han aquilatado su valer y su significación como organismo político independiente, que ya a nosotros nos parece tardío el primer recurso indicado en el folleto, su vuelta legal al gremio de las provincias constitucionales de España. No retroceden así los pueblos que una vez alcanzaron conciencia de sí mismos y derramaron su sangre por afirmar sus derechos hollados. La incompatibilidad entre España y Cuba, que el autor del folleto coloca en lo eventual y en lo porvenir, es ya una realidad demasiado patente para que proceda otro arreglo que la completa independencia de Cuba, con indemnización a España, si conociendo ésta sus verdaderos intereses y sus deberes para con la civilización, no opone una inútil resistencia a lo que de ella reclaman las exigencias del siglo y la paz del mundo. Nosotros comprendiéramos y aun excusáramos ese orgullo y esa jactancia de que se hace intérprete el señor Reynals, si él mismo no nos hubiera pintado a España de hinojos ante las potencias europeas para que le conserven a Cuba contra los peligros internos y externos de que se halla ésta rodeada, gracias al despotismo y a la incapacidad con que ha sido gobernada. ¿Es esa la actitud de quien tiene la conciencia de su dignidad y de sus derechos? ¿Es esa la justificación de la nacionalidad española que se pretende perpetuar en Cuba?

No, volveremos a decir al señor Reynals. Un pueblo como Cuba, dotado por la naturaleza y por las circunstancias con tantos elementos de vida y de importancia propia, y reclamado además por altos intereses de política y de humanidad, no necesita fingir pretextos ni buscar banderas. La suya se la dio España el día que quebrantó los lazos que identificaban a la provincia con la nación. Desde entonces sintió palpitar en su seno una nueva vida que está destinada a realizar en el tiempo y en el espacio, ya sea con ayuda de la diplomacia, de los congresos o de las armas extranjeras, ya sea sola y por los propios esfuerzos, confiando en Dios, en su derecho, en la justicia y en la grandeza de su causa. De que tiene bríos para intentarlo testimonio irrefragable ofrecen los hechos heroicos sucintamente narrados en el folleto combatido por el señor Reynals. Solo a los viles y a los cobardes incumbe el insultar esos esfuerzos porque hasta ahora fueron infructuosos. La sangre vertida por los cubanos, las cárceles, los presidios y las miserias por los que han pasado: he ahí la incipiente historia de esa nacionalidad que a despecho de sofismas y de declamaciones acabará por ocupar su puesto oficial entre las naciones de la tierra, y que entretanto puede responder con Galileo a sus contradictores: *E pur si muove.*

V

Empeñado el señor Reynals en buscar argumentos contra esa nacionalidad cubana que le ofusca con su luz y con su evidencia, nos da enseguida un curso de historia comparada bajo el título de: *Política colonial.* Nosotros aceptamos el combate en este nuevo terreno.

Muy poco conoce el señor Reynals la historia de la revolución de los Estados Unidos de América, o la desfigura a su antojo para destruir las analogías que presenta con el movimiento cubano, aun cuando necesariamente haya entre éste y aquélla algunas diferencias secundarias que no afectan la esencia de las cosas. «En la América del Norte, dice, no fue proclamada la independencia por la raza criolla y para su sola y exclusiva ventaja, sino para los europeos allá residentes, y para salvar sus derechos».

Aquí hay escondido un sofisma bajo una confusión de términos, todo con el loable intento de ocultar una paridad que abruma al escritor. Si por raza *criolla* y por *europeos* se da a entender, por una parte, la raza indígena o primitiva de los indios, y por la otra, la raza blanca o anglo-sajona nacida en el país o allí residente, tiene razón el señor Reynals. No fueron los indios los que en aquel país iniciaron el movimiento revolucionario que después lo condujo a su independencia: al principio no hubo distinción alguna entre ingleses *criollos* e ingleses *europeos*, todos ellos se alzaron sin excepción contra la violación de sus derechos y de sus intereses.

Tampoco son indios de Cuba los que de algunos años a esta parte han sentido el aguijón de sus derechos hollados, y resuelto rebelarse contra la violencia que los oprime. Esa noble e infortunada raza duerme ya hace tiempo el sueño de la muerte, gracias a la mansedumbre y caridad de ese catolicismo español que el señor Reynals contrapone al protestantismo anglosajón.[9] Son, sí, los criollos descendientes de españoles, que constituyen la inmensa mayoría del país,

9 Valor y muy grande se necesita para aludir a la intolerancia del protestantismo anglo-sajón, en oposición a la mansedumbre del catolicismo español, sobre todo en una cuestión en que aparecen, por una parte, los Estados Unidos de América, y, por otra, la Isla de Cuba. Al hablar de las causas de la revolución de las colonias americanas, dice el señor Reynals: *Tratábalas la Inglaterra como país conquistado, con este orgullo, con este espíritu de dominación y supremacía insultante propio del gobierno británico y de los pueblos no católicos.*

Sin entrar de lleno en esta cuestión que nos llevarla muy lejos, y sin salir del terreno escogido por el señor Reynals, vamos a refrescarle la memoria con algunos hechos comparativos de las dos razas y de las dos religiones en el reducido teatro a que las ha circunscrito. Cuba, hoy mismo, al cabo de más de tres siglos y medio de ocupación, no pasa de ser una triste colonia, con poco más de un millón de habitantes, oprimidos, esclavizados, descontentos, resueltos a desnacionalizarse, si fuese necesario, para escapar al oprobio y degradación del régimen inicuo que sobre ella pesa. Los Estados Unidos, con más de un siglo de atraso en la ocupación por la raza anglosajona, cuentan hoy treinta millones de habitantes, procedentes de todas las razas y de todas las religiones del mundo, libres, prósperos, felices, compactos, orgullosos de su nueva nacionalidad, de sus instituciones, y ocupando uno de los primeros puestos entre todas las naciones de la tierra. ¿No se retracta el señor Reynals de lo que ha dicho?

La raza anglo-sajona al ocupar el territorio del Norteamérica, compró a sus naturales la tierra que iba necesitando. Estos se fueron retirando ante la nueva civilización, y todavía en número de más de 250.000 conservan su nacionalidad y sus costumbres, apartados allá en el remoto Oeste. ¿Dónde están hoy los indios españoles? «¡Ah! buscad en Cuba un indio en las ciudades, buscadle en los pueblos, buscadle en los campos, buscadle en los bosques, ni uno, ni uno; la raza ha desaparecido enteramente». Así exclama el ilustrado español, señor Just, en su reciente obra sobre Cuba.

Después de haber referido varios hechos de la inaudita barbarie con que fueron tratados los indios de Cuba y de Santo Domingo, dice las Casas: «Estas cosas y muchas otras que hacen temblar la humanidad, yo las he visto por mis propios ojos, y apenas me atrevo a contarlas, deseando yo mismo no creerlas y figurándome que todo fue un sueño». Y añade más adelante: «He reconocido que en estos *cuarenta y cinco años* el mal gobierno, la tiranía y las crueldades que la autoridad ha ejercido en América en nombre del rey de España, han hecho perecer *más de quince millones* de indios sin religión».

«Creíase entonces, dice un historiador moderno, que los moros, los judíos, los negros, todos en fin los que por no haber recibido el agua del bautismo eran considerados como *herejes*, podían y debían ser esclavizados a fin de *prepararlos* así para entrar en la religión. Por eso dispusieron que los indios hechos prisioneros fuesen embarcados como ovejas para España, y vendidos públicamente en los mercados de Sevilla. Dícese que la reina Isabel resistió largo tiempo esta medida, pero que al fin consintió en aprobarla, *convencida* por los sacerdotes de la Corte de que para honra de Dios y crédito de la Iglesia, era conveniente y aun necesario obtener la salvación del alma por medio de la esclavitud».

Pero, ¿qué mucho que así pensasen y obrasen los españoles del siglo XVI, cuando no ha dos años todavía hemos visto sostenerse en dos periódicos de Madrid, *El Estado* y *El Clamor Público*, la teoría que contratar negros en África (léase, esclavizarlos) para los trabajos de la Isla de Cuba, es el mejor medio de propagar el cristianismo entre esos salvajes?

Créanos, pues, el señor Reynals, y no vuelva en su vida a tocar una tecla cuyos sonidos tienen que causar espanto y horror en todos los corazones. La historia ha pronunciado ya su fallo definitivo entre la colonización anglo-sajona y la colonización española. No evoque recuerdos que amargan, ni suscite comparaciones que afrentan.

Por lo demás, no es solo en Cuba y en América donde se han visto los frutos de la conquista y de la colonización española. En una obra francesa reciente: *De France en China*, por el doctor M. Ivan, se leen las siguientes palabras, al tratar de las islas Canarias:

«Los guanches, como los kabiles de nuestros días, eran un pueblo de costumbres suaves, entregado a los trabajos campestres y a la cría de ganados, pero intrépido y dominado por un espíritu generoso de independencia. Resistieron enérgicamente a los españoles, que quisieron sojuzgarlos, y aunque es verdad que al fin sucumbieron en una lucha desigual contra europeos aguerridos, ellos fueron en realidad los héroes de esa contienda. Hoy no queda, de esa nación destruida por el hierro español, más que algunas momias envueltas en pieles de cabra y piadosamente escondidas en grutas inaccesibles. Si algunos individuos escaparon a esa matanza de todo un pueblo, se incorporaron en la población española, y sería inútil investigar cuáles sean las modificaciones que la mezcla de esa raza haya podido comunicar a los caracteres distintivos de la raza conquistadora. He visto en Orotava algunas familias que se vanaglorian de contar a los guanches entre sus antecesores. Así parece ser la verdad, pero en nada se distinguen físicamente de los demás canalos que desde el gobierno aciago del general Tacón, y más particularmente desde que la constitución de 1837 despojó a Cuba de sus derechos de provincia española, los que sintieron nacer en su pecho la llama del patriotismo y la resolución de reconquistar sus perdidos fueros, no para *su sola y exclusiva ventaja*, como lo da a entender el señor Reynals, sino para bien y provecho de todos los habitantes de la Isla. La diferencia en ambos casos está en que en la América del Norte criollos e ingleses gozaban de idénticos derechos y privilegios, y estaban igualmente interesados en defenderlos, y por eso se unieron en una común acción, mientras que en Cuba existía de hecho la división entre criollos y peninsulares por la desigualdad con que el gobierno de España los había tratado siempre, y más que todo, por la excesiva preponderancia con que el maquiavelismo del general Tacón había favorecido el elemento europeo o peninsular. Poco importaba a los numerosos empleados españoles que había en Cuba, a los traficantes de carne humana y monopolizadores de harina, a esos gitanos trashumantes que allí van a hacer fortuna para disfrutarla luego en la metrópoli; poco importaba, repetimos, que la Constitución los privase de unos derechos políticos de que poco se cuidaban o que estaban seguros de recobrar y de ejercer a su regreso a España. Dijimos mal: les importaba mucho que los criollos no alcanzasen esos derechos, con los que evidentemente habían de perder los peninsulares establecidos en Cuba las venta-

---

rios. Así, pues, a esa nación inteligente, valerosa y robusta le cupo la misma suerte que a la población endeble e inofensiva de la Isla de Cuba: una y otra murieron ahogadas entre los brazos de los conquistadores españoles. España no ha adquirido riquezas sino por la matanza y la destrucción: los colores de su bandera, como si quisiesen hablar, van pregonando la historia de sus conquistas en el Nuevo Mundo: en ella se ve un raudal de oro que corre entre dos ríos de sangre».

jas y los privilegios que de hecho habían gozado en todo tiempo. Así se explica que mientras la revolución americana reunió al principio en sus filas a todos o a la mayor parte de los blancos nacidos o residentes en el país, en la cubana fuesen tan pocos los peninsulares que se pusiesen al lado de los criollos para protestar, y en su caso, para revindicar sus derechos por medio de las armas. ¿En qué, pues, favorece esta diferencia la tesis que sostiene el señor Reynals contra los cubanos?

Tan cierto es el punto de vista que venimos exponiendo, que en el año de 1854, durante el mando del general Pezuela, así que los peninsulares vieron comprometido en Cuba, el tráfico de negros por la rectitud y el rigor que dicho jefe desplegó en su persecución, no vacilaron muchos en asociarse entonces a los revolucionarios cubanos, y en contribuir con sus simpatías y sus capitales a formar la expedición que entonces se preparaba en los Estados Unidos para invadir a Cuba. En el gran día de las revelaciones aparecerá demostrada esta verdad con documentos que arrojarán eterna infamia sobre la frente de algunos peninsulares que después se han distinguido, entre los demás, por las manifestaciones del más *puro españolismo*.

Advierta, por otra parte, el señor Reynals, que esa diferencia que señala, a los principios de ambos movimientos, cesa muy luego, pues en la revolución americana no tardó en nacer la división entre criollos e ingleses y producir todas las consecuencias que se observan en la revolución cubana. Así tenía que ser: el espíritu de provincialismo, que no es otra cosa que la primera manifestación de la *nacionalidad latente* de que en otro lugar hemos hablado, indujo más tarde a los criollos americanos a propender a otro fin que el que primitivamente se habían propuesto, mientras que la mayor parte de los ingleses europeos afiliados al movimiento comprendió entonces y trató de oponerse a la realización de la independencia a que aspiraban los primeros. La unidad inglesa, esa unidad que constituía para todos una sola y única nacionalidad, quedó destruida entonces, como que se había roto el lazo de los comunes sentimientos e intereses, y recobraron toda su energía las diferencias geográficas y las aspiraciones locales que tendían a desunir la América del Norte de las demás provincias unidas de la Gran Bretaña. Ese día empezó a existir y a afirmarse la nacionalidad norteamericana, de la misma manera que hemos visto surgir la nacionalidad cubana desde que se quebrantó el lazo de cohesión que mantenía unidos los elementos diferenciales que distinguen a Cuba de la península española. Hubo, pues, posteriormente separación de criollos e ingleses en la revolución americana, así como hubo y hay hoy separación entre criollos y españoles en la revolución cubana. Las mismas causas producen siempre los mismos efectos.

Hay, sin embargo, que notar aquí una diferencia de algún valor que no cuidó de señalar el señor Reynals. Los americanos del Norte al iniciar su movimiento encontraron en la prensa pública de Inglaterra, y aun en el mismo Parlamento, voces elocuentísimas que defendieron sus derechos, mientras que los cubanos se han visto desde el principio abandonados o atacados en la prensa y en el Congreso de España, sin que se haya alzado una sola voz para defenderlos de entre esa numerosa cohorte de sedicentes escritores liberales de que tanto abunda la Península.[10] Así es como también se explica

10 Hemos sido demasiado absolutos en el texto al hablar del abandono en que dejaron a los cubanos los diputados y escritores peninsulares. Dos señores diputados votaron en contra, en la célebre sesión de 16 de abril 1837, en que fue aprobada la parte del dictamen de la comisión del Congreso que despojó a las provincias de Ultramar de representación nacional. Después acá, algu-

que la revolución en la América inglesa se concretase al principio a rechazar los actos ilegales del Parlamento en lo que concernía a ésta, y pudiese afiliar en sus banderas a tantos hijos de la Gran Bretaña, mientras que en Cuba, hostilizada y perseguida por los españoles de dentro y de fuera, la idea revolucionaría se vio forzada desde muy temprano a levantar la bandera de la separación de Cuba y su metrópoli. El partido *concesionista* expiró allí, como quien dice, al nacer, o se halla hoy refundido, con muy cortas excepciones, en el gran partido que aspira a la independencia, como única solución que pueden tener los graves males que amenazan a la patria.

En lo que ha andado más peregrino que en todo el señor Reynals, es en pretender establecer diferencias entre las causas que fueron preparando la revolución en Norteamérica y en Cuba. Hablando de la primera dice: *Gravábale la metró-*

---

na que otra voz ha solido oírse en la Cámara popular, llamando la atención sobre la condición de la Isla de Cuba, pero con tal timidez e inseguridad, que siempre ha bastado una sola palabra de algunos de los señores ministros para imponerle silencio. El señor don Jaime Badía, diputado catalán, por dos veces ya, si no estamos equivocados, ha pedido reformas para la Isla de Cuba, siempre con tan poca suerte como los demás.

Entre los periódicos, raro es el que, mientras ha sido de la oposición, no haya aventurado algunas alusiones respecto del régimen que en Cuba impera; pero tan luego como ha sido ministerial, muy contado es, también, el que no haya ensalzado hasta las nubes el sistema especial de gobierno que se ha adoptado para las provincias de Ultramar. *El Clamor Público* de Madrid es acaso, entre los periódicos peninsulares, el que más ejemplos ofrece de estas acrobáticas evoluciones. *La Discusión* ha redimido de algunos meses a esta parte los antiguos pecados de sus prohombres, inscribiendo en su bandera: representación nacional para las provincias ultramarinas.

Por fin, debemos también hacer una particular excepción del señor don Ramón Justa, quien en un precioso trabajo, *Las aspiraciones de Cuba*, acaba de colocarse a grande altura como escritor, como pensador, como abogado de los derechos de los cubanos, y como conocedor de los verdaderos intereses de su patria, España.

poli con gabelas e impedía su espontáneo desenvolvimiento. ¿Qué otra cosa ha hecho España, en más de tres centurias y media que posee a Cuba, si no es gravarla, explotarla y exprimirla para su exclusivo provecho?

Tratábala como país conquistado. Pues a fe que entre los varios manifiestos que publicaron los americanos al tiempo de su alzamiento nada hemos leído que se acerque a la elocuente pintura que más adelante nos va a hacer el mismo señor Reynals de la ocupación militar que ejerce España en Cuba.

Prohibíale vender sus propios productos a los que iban a comprárselos, y habían de distribuirse precisamente por el puerto de Londres. ¡Cuán olvidadizo se nos muestra aquí el señor Reynals de la historia de su propio país! ¿De qué otro modo procedió España desde el principio de la conquista hasta 1778, en que además de Cádiz y de Sevilla, se habilitaron entonces por primera vez otros puertos de la península para el tráfico con el Nuevo Mundo? Y después que por el decreto de 1818 se abrieron los puertos de Cuba a la bandera extranjera, ¿no se ha mantenido de hecho un privilegio a favor de los productos y de la marina peninsulares que tan oneroso es para la agricultura cubana?¿Ignora todavía el señor Reynals la diferencia que hay entre libre comercio y comercio libre?[11]

Mientras le concedía una carta y le daba el derecho de tener un parlamento, imponíale sin contar con su consen-

11 En mala hora para él nos citó el señor Reynals el monopolio comercial que ejercía la Inglaterra respecto de sus provincias del Norteamérica, como uno de los motivos que justificaron el alzamiento de éstas contra su metrópoli. La respuesta que daba la Inglaterra a esas quejas de sus colonos, nos servirá a nosotros de refutación a lo que da a entender el señor Reynals, respecto de ser menos odioso el monopolio que España ha ejercido y ejerce con sus colonias. Citaremos al autor más completo e imparcial de cuantos hasta ahora

timiento las onerosas contribuciones que se pagaban en la

---

hayan escrito la historia de la revolución americana. He aquí los argumentos que empleaba la Inglaterra según los refiere el historiador Botta:

«Al reservarse la Inglaterra el comercio con sus colonias, procedió como lo habían hecho de mucho tiempo atrás las demás naciones modernas, particularmente los españoles y portugueses; pero aun en esto obró con una moderación que por cierto no usaron esas dos naciones. Al fundar esas remotas colonias, Inglaterra las hizo partícipes de todos aquellos derechos y privilegios de que gozaban los súbditos ingleses en la metrópoli, dejándolas gobernarse por sí mismas, y promulgar aquellas leyes que la prudencia y la sabiduría de sus propias asambleas hubiesen estimado necesarias. En una palabra, habíales concedido las más amplias facultades para procurarse su propio bien y fomentar sus respectivos intereses, reservándose solamente el beneficio de su comercio y la unión política bajo el mismo soberano. No fueron tratadas, ni con mucho, las colonias francesas y holandesas, y aun menos las españolas y portuguesas, con tanta indulgencia. Si bien se mira, las colonias inglesas, a pesar de las restricciones de que se quejaban, tenían un inmenso capital propio empleado en el comercio, y así es que además de los ricos cargamentos de los productos de sus tierras que tomaban las naves inglesas en aquellos puertos, poseían los colonos buques propios, en los que, y con gran provecho, llevaban sus frutos y mercancías, no solo a los puertos de la metrópoli, sino también (por la indulgencia y tolerancia de ésta) a los de las demás partes del mundo, de donde cargaban en retorno para su país mercancías y artículos de comodidad europea. De aquí es, que no se vieron nunca ni se oyeron en las colonias inglesas aquellos precios exorbitantes en que se vendían las mercancías europeas en las colonias de España y Portugal; sucediendo por lo contrario, que muchas de ellas se vendían al mismo, y algunas a precios inferiores que los que obtenían en la misma Inglaterra...
Verdad es que de muchas cosas tenían los colonos que proveerse exclusivamente en los puertos de Inglaterra, pero hay que considerar que por la naturaleza y extensión de las tierras americanas tenían sus habitantes vasto campo donde ejercitar su industria y su actividad, sin verse obligados, como otros pueblos, a buscar el sustento fuera de casa. ¿Qué podía importar entonces a los americanos el que la Inglaterra se hubiese reservado el comercio exclusivo de ciertos artículos? Éstos, en su mayor parte, eran objetos de lujo y ¿en qué país y entre qué gentes podían ellos obtenerlos tan perfectos y a precio tan bajo como en Inglaterra?...
Si los americanos hubieran comparado su condición con la de las colonias extranjeras, habrían confesado, no sin reconocimiento hacia su metrópoli,

su propia felicidad y la sinrazón de sus querellas». (*Storia della guerra americana scritta* da Carlo Botta.)

Después acá las cosas variaron en nuestro país: el decreto de Carlos III de 12 de octubre de 1778, llamada de *libre comercio*, y posteriormente el de 1818 que hizo extensiva a la bandera extranjera la libertad de comerciar con las colonias españolas, fueron un paso inmenso dado en la vía del progreso de la Isla de Cuba. ¿Alcanzó ésta por eso todas las ventajas del comercio libre que son las que hoy reclama el espíritu del siglo, y las que pudieran elevarla a un grado inaudito de prosperidad? Claro es que no: claro es que el absurdo sistema protector que allí rige todavía, la colocan en una condición inferior a la que aun tienen otras colonias que no gozan del libre comercio con los extranjeros. A este propósito citemos todavía al gran escritor cubano:

«Se recomienda, dice, como un favor señalado la admisión de buques extranjeros en los puertos de Cuba, mientras que a las colonias inglesas se las supone gimiendo bajo de un duro monopolio. No es del caso trazar aquí la historia del comercio extranjero en aquella isla; pero sí es indispensable advertir que su introducción no se debe ni a los desvelos paternales, ni a la generosidad del gobierno, sino a los esfuerzos de algunas corporaciones de La Habana, que combatiendo y desbaratando las maquinaciones del egoísmo y del interés, pudieron recabar al cabo de una larga y empeñada lucha que al negociante extranjero se le permitiese arribar a las playas cubanas y vender en ellas sus mercancías. En vano se alegará como un favor lo que no es sino efecto de la más urgente necesidad. Empleando Cuba (1837) más de 600.000 toneladas en sus importaciones y exportaciones, ¿cómo podría España sin fábricas y sin buques proveer aquel vasto mercado, ni menos llevar los frutos de la Isla a los países donde se consumen? Ciérrense las puertas al extranjero y desde ese día quedará Cuba condenada a una ruina inevitable, y España a sufrir sus terribles consecuencias.

Exagérase sobremanera el monopolio con que la Inglaterra oprime a sus colonias; pero es menester que seamos imparciales, y que no nos dejemos sorprender por los que con dañada intención quieren alejarnos de la verdad. Banderas de distintas naciones flamean en aquellos puertos, y en sus tablas estadísticas se leen varias partidas que representan el comercio extranjero. ¿Se dirá que éste se halla muy recargado de derechos, y que el británico está favorecido? Y en caso de ser así, ¿no sucede lo mismo y aun mucho más respecto al tráfico español? ¿No están bárbaramente gravados algunos artículos extranjeros tan solo por proteger a los nacionales? Aun concediendo que exista ese monopolio, nunca será tan funesto como se pretende, porque teniendo la nación británica una asombrosa marina mercante, estando sus fá-

metrópoli.[12] Nada hay más opuesto a la verdad histórica que lo que asienta el señor Reynals en la última proposición. Precisamente desde el primer conato de la Inglaterra para imponer esas contribuciones por medida legislativa del Parlamento británico, protestaron e iniciaron su revolución los americanos; pero cuando que fuera cierto lo que se nos dice, ¿no se ha conducido España con mayor rigor e injusticia, negándole en todo tiempo instituciones provinciales a Cuba,

---

bricas tan adelantadas, así en la calidad de sus obras, como en los medios de producirlas, y reinando entre los bretones una industria y una actividad admirables, necesariamente se establece entre ellos una concurrencia numerosa que viene a destruir los efectos de ese mismo monopolio. Pero enhorabuena que éste subsista; todavía los colonos ingleses tienen el consuelo de saber que sus contribuciones, ora pesadas, ora leves; ora justas, ora injustas, siempre se invierten en su propio provecho. Mas Cuba no goza de esta ventaja, y mientras que paga más que todas ellas, pasa por el dolor de ver que todas las enormes cantidades que se le arrancan no se consumen en fecundar su suelo, ni en mejorar la condición social de sus hijos, sino en gastos improductivos, en atenciones ajenas, y aun en territorios extraños». (*Paralelo entre la isla de Cuba y algunas colonias inglesas*, escrito por don José Antonio Saco, electo diputado a Cortes por la Isla de Cuba. Madrid 1837.)

12 Después de referir el historiador Botta, ya citado, los debates acalorados que tuvieron lugar en la Cámara inglesa, con motivo del proyecto de ley presentado por los ministros, para imponer *ciertas gabelas de marca* en las colonias, ley que al fin pasó en la sesión de 7 de febrero de 1765, agrega:

«Lo cierto es que de aquí tuvieron origen todas los revueltas y trastornos que primero degeneraron en manifiesta guerra civil, que más tarde la encendieron en toda Europa, y que finalmente produjeron la separación de una nobilísima parte del imperio británico de su metrópoli».
«La noche en que fue aprobado el proyecto de ley (*primero que autorizó al Parlamento británico para imponer contribuciones a la América*) el doctor Franklin, que entonces se hallaba en Londres, escribió a Mr. Carlos Thompson, el mismo que después fue secretario del Congreso, estas palabras: *Se anubló el Sol de la libertad para los americanos y no les queda ya otro recurso que encender las luces de la industria y del trabajo*. A lo cual respondió Thompson: *Sabed que muy otras son las luces que éstos van a encender, con lo que predijo las revueltas que no tardaron en verificarse*».

a la vez que le impone a su antojo contribuciones que no son coloniales ni metropolitanas, sino bárbaramente opresoras y tiránicas?

Verdad es «que un buque cargado de té y echado a pique fue ocasión del motín de Boston, y que las medidas represivas con este motivo tomadas dieron por resultado la conflagración general», mientras que los cubanos han tolerado pacientemente, no uno, sino millares de buques que anualmente entran en sus puertos cargados de la gravosa harina de Castilla y de otra mercancía todavía más criminal, como que sirve para remachar las cadenas que los oprimen. Mas de esta diferencia de conducta no se de prisa el señor Reynals en sacar consecuencias favorables a su propósito. Se la vamos a explicar. En la América del Norte había regido en todo tiempo *la onerosa contribución de sangre* por la cual todos los habitantes de ese país eran soldados o milicianos, tenían armas y estaban acostumbrados a su uso —todo lo cual les facilitó el repeler la fuerza con la fuerza y conquistar al cabo su independencia— en tanto que favorecidos los cubanos por la *filantrópica* España con la exención de ese tributo, no han podido aun alzarse en masa para proclamar su gratitud por tan inmenso beneficio.

Otra diferencia y muy notable recordaremos aquí al señor Reynals y es, que así y todo, antes que triunfar tuvieron los americanos que apelar a la cooperación extranjera, sin que a nadie se le haya ocurrido hasta ahora imputárselo a crimen, ni tacharlos de cobardes, mientras que el señor Reynals, tranquilo e impune allá en su cátedra de Barcelona, denuesta e insulta a los cubanos porque en su caso excepcionalísimo han apelado también a la ayuda exterior y a los congresos, no sin haber antes regado los patrios campos con su sangre generosa. Por lo visto, el señor Reynals pertenece aquella escuela para la que no hay otro criterio que el suceso ni otra norte de justicia que los hechos consumados. Con tan alcanzado profesor la juventud de Barcelona hará rapidísimos progresos en la ciencia del derecho.

De todo lo que precede se deduce, contra el parecer del señor Reynals y fundándonos en las consideraciones por él presentadas, que la revolución cubana no se distingue en sus causas de la revolución norteamericana sino por su mayor justicia y necesidad; que si en ésta se pasó de la nacionalidad primitiva inglesa a la nacionalidad norteamericana, desde el momento en que tuvo un pensamiento propio, aspiraciones e intereses ajenos a los de su metrópoli, hasta dejarla inscrita en el catálogo oficial de la diplomacia, de la misma manera y con los mismos títulos y derechos existe desde ahora la nacionalidad cubana y, Dios mediante, por los mismos trámites u otros análogos adquirirá carta de ciudadanía en el gremio de las nacionalidades políticamente constituidas.

Nos pregunta el señor Reynals «qué páginas ha dado a la historia la nacionalidad cubana». Nosotros le rogaremos a nuestro turno que nos diga cuáles eran las que había creado al comenzar su revolución la nacionalidad norteamericana que después acá está escribiendo la epopeya más magnífica que recuerdan los anales de la humanidad.

¿Con qué principios ha enriquecido la civilización? A falta de otros, con los del odio y repulsión con que hoy miran los cubanos aquéllos que puso en planta España para enseñorearse y despojar a todo el Nuevo Mundo sin progreso para las ideas ni para la civilización.

¿Qué artes, qué ciencias, qué sentimientos y costumbres propias posee? Todos aquellos que vosotros no habéis querido o podido darnos o inspirarnos, y que nosotros por índole natural, por industria propia y por legítima ambición

hemos adquirido y atesorado, poniendo a contribución los adelantos de todos los países civilizados donde nos llevaron la curiosidad o la expatriación. ¿Os atrevéis a dudarlo, vosotros los de la metrópoli, a quien todos los viajeros pintan como rezagada de un siglo respecto de su colonia cubana? ¿Que son vuestra agricultura, vuestras vías férreas, vuestros telégrafos y vapores comparados con los nuestros? ¿En qué ciencias físicas, naturales o morales tenéis vosotros representantes que desluzcan a los nuestros? ¿Tenéis vosotros un poeta que sobrepuje a nuestro Heredia, inmortal cantor del Niágara? ¿escritores más castizos que Delmonte y Saco? ¿filósofo más profundo y enciclopédico que José de la Luz Caballero? ¿sacerdote que en ciencias, en caridad y virtudes se pueda comparar con el evangélico Varela? Mostradnos, entre vosotros, físicos y naturalistas más alcanzados que los Poey, padre o hijo; facultativos más distinguidos que los Gutiérrez, Jorrín y Díaz; químico más eminente que Álvaro Reynoso; jurisperitos de la talla de Anacleto Bermúdez y del ciego Escovedo. Y por fin, ¿en cuál de vuestras ciudades, inclusa la capital, se levanta hoy una generación tan aplicada, tan estudiosa y tan apta para todas las carreras y destinos de la humana actividad, como la que hoy brilla en el suelo cubano y tantos timbres de gloría promete a su patria y a la civilización? ¿Osaríais poner en parangón vuestras costumbres corrompidas, vuestra empleomanía, vuestros hábitos de estafa y de concusión, vuestro mentido liberalismo, con la proverbial pureza, la hospitalaria generosidad, los sentimientos desinteresados y la innata cultura y liberalismo que distinguen a la raza cubana, y forma su fisonomía especial entre todas las que preceden del tronco español?

Nada de esto os lo debemos a vosotros. A pesar vuestro hemos progresado y prosperado. Nuestro clima, nuestro cielo, vuestra propia injusticia y opresión nos han infundido nueva vida, nuevos sentimientos y aptitudes, y nos han permitido asimilarnos nuevos elementos y facultades que vosotros habéis rechazado siempre con vuestro implacable e irracional españolismo. Y cuando todo tiende a caracterizarnos y distinguirnos, cuando no hay una sola fibra de nuestra constitución que no proteste contra la dependencia de España, cuando no solo la geografía sino todos los sentimientos del alma claman a grito por la separación, nos habláis todavía de común nacionalidad, de idéntica historia y de recuerdos solidarios.

Todo eso, señor Reynals, sabe usted que es música celestial, porque cuando suena en el reloj del tiempo la hora de vida para una nueva nacionalidad, de nada sirven argumentos retrospectivos ni apelaciones a vínculos muy sagrados si se hubieran sabido respetar. ¿Tiene usted noticia de que aprovecharan de algo cuando la Inglaterra los invocaba en su contienda con las trece colonias rebeladas? ¿No perdió España todo un continente en América por haber sido ella la primera en quebrantar los lazos de común nacionalidad?

Pretendéis ahora ¡qué delirio! detener el carro lanzado de la emancipación cubana con voces que ya nada significan. Llegáis tarde como siempre. En los oídos de la patria resonaron ya otros acentos más poderosos que le dicen: ¡Adelante! ¡el porvenir es tuyo!

VI

Al fin y al cabo se resolvió el señor Reynals a exponer sus ideas acerca de la Isla de Cuba, y las reformas que en su concepto pueden oponerse *a esa nacionalidad artificial que allí van creando las circunstancias*. Tres o cuatro artículos ha consagrado a la discusión de estos objetos, y debemos hacerle aquí la justicia de decir, que los que tratan del «militarismo español en Cuba» contienen un análisis muy exacto y elocuente de la situación a que ha llegado aquel país, gracias al gobierno despótico e irresponsable a que está sometido bajo el mando de sus Capitanes generales. En lo que no podemos convenir es que haya ya remedio en lo humano para impedir el desenvolvimiento inexorable de las consecuencias creadas por esa situación. Esa nacionalidad de Cuba, que resume todos sus agravios y todas sus esperanzas, es ya un hecho que podrá anonadarse por la fuerza, si Dios lo permite, pero que no se trasforma ni modifica a impulsos de concesiones y de reformas que son ya tardías. La nacionalidad española en Cuba murió a manos de los legisladores de 1837,[13] la nacionalidad cubana, nacida en esa noche de demencia y de

13 Para demostrar como marcha en España el progreso político y constitucional, queremos dejar consignada en esta nota la manera como comprendieron los derechos y los intereses cubanos los legisladores de 1811 y los de 1837. Copiamos del *Diario de La Habana* de 28 de mayo de 1811 lo siguiente:

«DECRETO
De las Cortes generales y extraordinarias sobre la representación que tendrán en ellas, los españoles americanos para que puedan cultivar cuanto la naturaleza y el arte les proporcione, y declarándoles la opción a toda clase de empleos; comunicado al Muy Ilustre Ayuntamiento de esta ciudad de La Habana:
«El rey Don Fernando VII y en su ausencia y cautividad el Consejo de Regencia de España e Indias, autorizado interinamente por las Cortes generales y extraordinarias. Con oficio de 26 de febrero último pasó a mi Consejo

crimen, solo aguarda, para proclamar su sucesión ante el

---

de las Indias don José Antonio de Larrumbide, secretario interino de Gracia y Justicia, el decreto del tenor siguiente:

Las Cortes generales y extraordinarias, constantes siempre en sus principios sancionados en el decreto de 15 de octubre del año próximo pasado, y deseando asegurar para siempre a los americanos así españoles como naturales originarios de aquellos vastos dominios de la monarquía española, los derechos que como parte integrante de la misma han de disfrutar en adelante; decretan: Art. 1.°. Que siendo uno de los principales derechos de todos los pueblos españoles su competente representación en las Cortes nacionales, la de la parte americana de la monarquía española, en todas las que en adelante se celebren sea enteramente igual en el modo y forma a la que se establezca en la península; debiendo fijar en la Constitución el arreglo de esta representación nacional sobre las bases de la perfecta igualdad conforme al dicho decreto de 15 de octubre último. Art. 2.°. Que los naturales y habitantes de América puedan sembrar y cultivar cuanto la naturaleza y el arte les proporcionen en aquellos climas; y del mismo modo, promover la industria, las manufacturas y las artes en toda su extensión. Art. 3.°. Que los americanos, así españoles como indios, y los hijos de ambas clases, tengan igual opción que los españoles europeos, para toda clase de empleos y destinos, así en las Cortes como en cualquier otro lugar de la monarquía, sean de la carrera eclesiástica, política o militar.

Tendralo entendido el Consejo de Regencia y dispondrá lo necesario a su cumplimiento, mandándole imprimir, publicar y circular». — Antonio Joaquín Pérez, presidente. — José Aznares, diputado secretario. — Dado en la Real isla de León a nueve de febrero de 1811. — Al Consejo de Regencia. — «Y para que llegue a noticia de todos el Consejo de Regencia lo manda imprimir y circular. Lo tendréis entendido, y dispondréis lo necesario a su cumplimiento». Joaquín Blake, presidente. — Pedro de Azar. — Gabriel Ciscar. — Real isla de León a 19 de febrero de 1811. — «Publicado el inserto Real decreto en el enunciado mi Consejo de las Indias en 28 de febrero, acordó su cumplimiento. Por lo tanto y para inteligencia y satisfacción de esos mis amados vasallos, mando a mis virreyes, presidentes, audiencias, gobernadores, capitanes generales, intendentes, y a los consejos, justicias y regimientos de las ciudades capitales de mis reinos de Indias e islas adyacentes y Filipinas, que recibida esta mi real cédula, cuide ceda uno en 11 parte que le toque o tocar pueda de su cumplimiento, publicándose por bandos por los jefes de cada reino y provincia, para que ninguno de esos mis vasallos ignore que mis Cortes generales y extraordinarias velan constantemente a fin de proporcionarles por todos medios su verdadera felicidad». Dado en Cádiz a

24 de marzo 1811. — Yo el Rey. — Joaquín Blake, presidente. — Por mandato del Rey nuestro señor. — José de Alday.
El 16 de abril de 1837 las Cortes del Reino votaron el siguiente dictamen de su Comisión especial: «No siendo posible aplicar la Constitución que se adopte en la península e islas adyacentes, a las provincias ultramarinas de América y Asia, serán éstas regidas y administradas por leyes especiales y análogas a su respectiva situación y circunstancias». Después acá, el *serán regidas por leyes especiales* forma un capítulo adicional de todas las Constituciones que se han fraguado en España para dicha y ventura de sus provincias ultramarinas. ¡Viva el progreso! ¡Vivan sobre todo la justicia y previsión de los legisladores españoles!
Examinando ahora esta cuestión bajo el punto de vista del derecho, nada nos parece más elocuente y decisivo que los términos en que se explica el señor Just en su ya citada obra sobre Cuba. Helos aquí:

«¿Ha perdido por esto Cuba sus derechos? ¿Han éstos desaparecido? He sentado, y no cesaré de repetir, que los derechos de los pueblos son imprescriptibles, imperecederos».
¿Qué dijo la nación española en 1812 cuando proclamó su código constitucional? dijo, que aunque habían pasado más de dos siglos desde que habían sido usurpados sus derechos, estos derechos no habían muerto; lo mismo dijo en 1820, y desde 1834 no ha dejado de repetirlo. Dijo que si el pueblo no había sido llamado a votar sus contribuciones, que si no había ejercido sus derechos, no era porque éstos hubiesen jamás caducado, no porque los monarcas los hubiesen adquirido, sino porque la fuerza había impedido su uso. En este mismo caso se halla Cuba: sus derechos viven, pero no puede ejercerlos porque no se le permite. La fuerza no es el derecho; la fuerza ni le da, ni le destruye.
Es verdad que esta vez no ha sido el monarca solo el que ha hecho callar la voz del pueblo de Cuba; es verdad que han sido las Cortes y el Rey; pero en esas Cortes en que las provincias de Ultramar han visto desconocidos sus derechos, en esas Cortes, constituyentes unas y ordinarias otras, en que se ha sentenciado y confirmado la sentencia de Cuba, ¿estaba Cuba representada? ¿Se la había oído? ¿Consintió expresamente Cuba la sentencia que la condena a ser colonia, a vivir sujeta a leyes especiales, a no intervenir en el gobierno de la nación, ni en la administración de sus intereses? ¿Son menos sagrados los derechos de un pueblo que los derechos de un particular, que quiera hacerse que Cuba acepte como válida la sentencia de un pleito en que no ha podido defenderse?
Si Cuba hubiese estado representada por sus diputados en las Cortes en que, por distintas veces, se ha decidido de su suerte, si sus diputados hubiesen te-

mundo, que se lleven el cadáver de la madre velado todavía por un ejército de treinta mil bayonetas.

Veamos, con todo, cómo pretende el señor Reynals resucitar a la difunta. Medidas indirectas: ¡escuchad! Evitar que vuelvan a hacerse en lo adelante contratas con el extranjero para la conducción, entre Cuba y España, de la correspondencia pública y de oficio. ¡Cómo, exclama el señor Reynals con noble indignación, hacer depositaria a la bandera extranjera de nuestros secretos! ¡Confiar nuestra correspondencia a esa bandera (*suponemos que sea la francesa*) cuyas novelas y escritos filosóficos y políticos alimentan el alma de la América como de la Europa! ¡Presentarse España pobre y deshonrada ante los ojos de los cubanos, incitarlos a que

---

nido poderes oficiales para consentir en la exclusión y en el régimen excepcional, aun en este caso la exclusión y el régimen excepcional no podrían asegurarse, que mataban para siempre los derechos de Cuba, porque es dudoso que una generación pueda disponer de las generaciones venideras; pero habría al menos una renuncia por algún tiempo. Mas cuando esto no ha sucedido, cuando no solo no ha sido representada Cuba en las Cortes, sino que ni aun se la ha llamado, ni se ha permitido que nombrara sus representantes, por mucho que se quiera extender las facultades de una Cámara constituyente, no creo que puedan llegar hasta el extremo de hacer desaparecer derechos adquiridos por provincias ausentes de su seno, y me atrevo a decir que con la mía está la opinión de Cuba, y la de los hombres que antepongan la justicia a las prevenciones.

Supongamos por un momento que Navarra, Aragón, Cataluña o cualquiera de las otras provincias de la península hubieran sido excluidas de la representación nacional, y que las Cortes hubiesen decretado que quedaba sujeta a leyes excepcionales: ¿cuál hubiera sido el inmediato resultado? ¿Hubieran permanecido tranquilas? ¿hubieran aceptado la resolución de las Cortes? ¿hubieran creído que sus derechos dejaban de existir y que debían someterse? No creo que haya un solo español que lo diga. La provincia excluida hubiera reclamado sus derechos, y si, como Cuba, hubiese debido permanecer silenciosa, hubiera creído conservarlos siempre, hubiera aspirado a hacerlos revivir; y ¿por qué callarlo? cuantas veces hubiese podido otras tantas hubiera apelado a las armas y confiado a su fortuna la causa de sus derechos desconocidos».

renieguen de su origen y a que fomenten esa nacionalidad artificial de que tantas veces hemos hablado!»

No nos parece a nosotros que la propuesta panacea vuelva la vida a la que ya la perdió; pero se nos ocurre preguntar al señor Reynals si España no aparecerá todavía más pobre y deshonrada cuando la vean los cubanos incapaz por sí sola, como hasta aquí, de realizar con orden y con puntualidad un correo marítimo al mes con Cuba, por medio de vapores construidos en los astilleros nacionales, mandados por capitanes españoles, y administrados y regidos por manos españolas. ¿No vale más, mil veces más, así bajo el punto de vista económico como el nacional, ocultar esa impotencia y esa incapacidad con contratos que sin desdoro alguno celebran las demás naciones cada y cuando los consideran ventajosos para el servicio público? ¿Y de cuándo acá se ha hecho culpable la bandera extranjera, y mucho menos la francesa, de violar el secreto de la correspondencia pública, como si hubiese tomado lecciones de algunas autoridades y funcionarios españoles? ¿Quién impide, por otra parte, al señor Reynals y a los demás escritores de la península, que remitan bajo el pabellón extranjero sus producciones a la siempre fiel Isla de Cuba con el objeto de neutralizar allí los perniciosos efectos de la literatura francesa? ¿O será acaso que quiera el catedrático de derecho privilegios exclusivos así para la literatura como para las harinas y demás mercancías españolas? ¿Dónde está, en todo caso, esa decantada literatura patria —hablamos de la contemporánea— que solo se compone de remedos, de imitaciones y de pobrísimas traducciones de cuanto se escribe en francés, en inglés o en alemán? ¿No está hoy tan muerta la literatura española en España, como la nacionalidad española en Cuba?

Válganos Dios, señor Reynals: que usted y los suyos se estén todavía con esas bocanadas de españolismo declamando contra la influencia extranjera, que para vosotros es todo aquello que trasciende a progreso y adelantos. Os habéis momificado en la tumba de lo pasado, y en tanto que todo marcha y se trasforma en derredor vuestro, aspiráis a comprimir bajo la lápida de vuestro inmovilismo toda inspiración, toda idea y movimiento moderno. A eso llamáis vosotros el sentimiento nacional, como si pudiera haberlo donde se consiente que la patria quede rezagada o inerte en la grandiosa evolución por la que están pasando las demás naciones de la tierra. Es preciso progresar o desaparecer. ¡Cuidado que esos extranjeros que hoy rechazáis o insultáis porque no sabéis o no queréis imitarlos, en todo aquello que tienen de bueno y de progresivo, no se repartan mañana vuestro territorio, porque allí encuentren, acaso, el cadáver de una nacionalidad sin herederos legítimos que la remplacen!

Pero no solamente en los correos vapores peninsulares funda el señor Reynals sus esperanzas de volver a *españolizar* a Cuba. Aconseja al gobierno que se abstenga en lo futuro de volver a hacer a las Antillas objeto de notas diplomáticas. Las negociaciones entabladas por España en 1852 parecen al señor Reynals un funestísimo precedente. Eso, dice, es manifestar a Cuba *que ella es alguna cosa distinta de las demás provincias españolas, que tiene una nacionalidad propia, que se la domina y no se la gobierna, que es colonia y no provincia, objeto y no sujeto de derecho.*

Nosotros agradecemos infinito al señor Reynals que haya analizado con mano tan maestra la significación de esas notas diplomáticas en que tanto se la lució el señor marqués de Miraflores. Hasta ahora no habíamos fijado el pensamiento en esas negociaciones sino para considerarlas como la expresión del miedo cerval que acometió a España cuando dio los primeros signos de vida la nacionalidad cubana. También habíamos notado, es verdad, la mala fe de España, que entonces nos echaba en cara a nosotros colonos, desarmados ante el inmenso poder militar que allí sostiene, de que invocásemos la ayuda extranjera, al propio tiempo que ella con todos sus batallones y toda su jactancia no se creía segura, y apelaba ocultamente a la ayuda nada menos que de tres potencias poderosas. Pero el análisis del señor Reynals ha sido un rayo de luz que nos ha revelado nuevas y más importantes deducciones. Ahora comprendemos en toda su magnitud y en todas sus consecuencias el significado de aquellas memorables negociaciones.

El miedo, que no el remordimiento de España, puso de manifiesto ante la Europa la verdadera condición de la Isla de Cuba. Ella misma fue la que hizo abdicación de su soberanía y se arrojó en los brazos de la diplomacia para el arreglo de la cuestión cubana; ella la que confesó *que Cuba no era provincia sino colonia, no gobernada sino oprimida, que no tenía derechos sino obligaciones*, y al propio tiempo que declaraba sus culpas, aunque no el propósito de la enmienda, impetraba humildemente los medios de continuar en su pecado para el mantenimiento del *statu quo* en América. Desde ese día la cuestión se hizo internacional. La diplomacia tomó acta de esas declaraciones y aguarda el momento oportuno para entender en su solución. Hoy, no es España sino Cuba la que viene a recordar a la Europa el compromiso pendiente. ¿Por qué, pues, se exaspera tanto el señor Reynals con la aparición del folleto: *La Cuestión de Cuba*, que no es más que un apremio de la parte contraria, como se dice en términos forenses? ¿Qué tiene que temer? ¿No es su patrón, el gobierno español el actor principal? ¿No fue él el que escogió el tribunal y estableció la demanda? ¿Cómo podría recusarlo hoy por incompetente?

Al hablar así volvemos a recordar al señor Reynals que no somos nosotros los que damos la mano en un todo y por todo al autor o autores del folleto: *La Cuestión de Cuba*. En él se proponen términos medios que a nada pueden conducir. En él se señala todavía una misión al elemento español en el Nuevo Mundo. Pues que: ¿no son las nacionalidades como las plantas que donde mueren sin dar fruto, allí nacen luego y se desarrollan otras lozanas y vivaces a expensas de sus despojos? Pues que: ¿cuándo una nación malgasta el cuarto de hora marcádole por la Providencia para llenar su misión, se le conceden luego prórrogas y moratorias?

Después de haber perdido todo un continente en América, a España le quedaba todavía un punto importante donde rehacerse y reparar su contrastada fortuna. Ese punto era Cuba, tierra privilegiada, un imperio en potencia, según la expresión del publicista Raynal. ¿Que hizo allí España? Ya lo dijo y probó el mismo folleto. Crió rebaños humanos para trocar por oro su lana y su sangre. Impenitente como lo ha sido en todo el curso de su historia, forjó nuevas cadenas para el blanco y para el negro. Negó el progreso moral para rendir adoraciones al Moloch cruento de su idolatría. Y cuando ya rotos por ella misma todos los lazos que mantenían unidos, ya que no felices ni contentos, los diversos miembros de la misma sociedad política; cuando solo por la fuerza de las bayonetas se sostiene allí ahora la adhesión y la lealtad a la madre patria, ¡hay todavía quien crea y pida y espere que España conserve en Cuba y perpetúe en ella una nacionalidad inmolada en aras del crimen y del ateísmo político! ¡Hay quien escriba que aun tiene España una función que desempeñar en los destinos de América!

No: si la diplomacia ha de hacer obra sensata y duradera, si aspira a dar una solución definitiva a la cuestión cubana, si no quiere ver renacer los conflictos y las peripecias, corte de una vez el nudo gordiano, extirpe de raíz el germen de todos los males y peligros que amenazan al Nuevo Mundo, haciendo que España, de grado o por fuerza, vuelva a pasar los mares y abandone para siempre un hemisferio en que solo llanto y maldades ha dejado su dominación. Si así no lo hicieren las naciones congregadas, con el fin de ahorrar sangre y miserias, no nos desalentaremos nosotros los que afirmamos y tenemos fe en la nacionalidad cubana. La Europa podrá hacer acto de suicidio moral, dejando al curso de los sucesos la cuestión de nuestra patria; pero ésta no perecerá, ella *fara de se*, y al fin y al cabo brillará en el cielo americano con luz propia, debida a sus solos esfuerzos y heroísmo, o entrará en la órbita de atracción de esa refulgente constelación cuyos destellos eclipsan ya el firmamento del antiguo mundo. Entretanto, consuélense los adversarios o los impacientes con insultos a Cuba, o con denuestos a la Unión americana: ésta y aquélla, solas o confederadas, «derramarán un día torrentes de luz sobre sus oscuros blasfemadores».[14]

14 El gran argumento que siempre se ha empleado contra los que sostenemos la nacionalidad cubana, consiste en decir que en muy poco la apreciamos, cuando consentimos en anexarla a otra nacionalidad que a vuelta de muy pocos años la absorbería por completo.
Nuestra respuesta es muy sencilla, y a reserva de desenvolverla un día en un trabajo especial, la condensaremos en los términos siguientes:
1.° Nosotros recurriremos a la anexión a los Estados Unidos cuando perdamos toda esperanza de alcanzar o conservar nuestra *completa independencia política*.
2.° Con los elementos de vitalidad que posee hoy la nacionalidad cubana, ella no será nunca absorbida por la nacionalidad norteamericana, en el sentido que a la palabra *absorción* dan los que más la emplean. Comparar a Cuba con Tejas, con la Florida, con la California, equivale a desconocer por completo las condiciones de todo linaje en que estos últimos países se encontra-

ban al tiempo de su incorporación en los Estados Unidos. La nacionalidad cubana, en el caso de la anexión, se trasformará, sí, lenta y gradualmente, sin lucha, sin sufrimientos y sin dolores en otra nacionalidad a la que también habrá infundido muchos de sus elementos constitutivos. Ese será trabajo no de años sino de siglos. Entretanto, nosotros y nuestros hijos y los nietos de nuestros hijos seremos cubanos, conservaremos todos los caracteres esenciales de nuestra nacionalidad cubana; la que podremos desenvolver y mejorar en medio de instituciones políticas que nos asegurarán una completa independencia local, para legar luego a nuestros remotos descendientes una patria y una nueva personalidad que ellos sabrán apreciar y bendecir. Si a eso se llama también absorción, nosotros la aceptamos con júbilo para nosotros y para nuestra posteridad, porque ni nosotros perderíamos nuestra actual nacionalidad, ni los futuros cubanos cambiarían la suya por la que nosotros hubiésemos disfrutado. No habría, pues, perdedores ni reclamadores en la pretendida absorción, y solo quedaría en pie el error de los que, desconociendo por completo las enseñanzas de la historia, no ven que las nacionalidades, cuando se modifican y trasforman sin violencia, obedecen a una ley natural que deja todos sus fueros al sentimiento íntimo de la personalidad de los pueblos. Si de la nacionalidad se quiere hacer algo de fijo e invariable, ¿cuál es la nación del mundo que conserva hoy su nacionalidad? ¿Cuál es el pueblo que está seguro de perpetuarse en lo porvenir con todos los caracteres de su actual nacionalidad?

3.° Y dando de barato que estuviésemos equivocados, suponiendo que hubiese lucha y absorción de la nacionalidad cubana por la nacionalidad norteamericana, cuál es el cubano que, perdida toda esperanza de afirmar y realizar su propia nacionalidad, no la sacrificaría resignado para salvar, siquiera, su personalidad de hombre, hollada y destruida por el despotismo español? ¿Entre la ignominia y el oprobio del esclavo y la condición del hombre libre puede ser dudosa la elección?

Después de terminado este trabajo llegó a nuestras manos un folleto que acaba de imprimirse en Madrid con el título de: *Cuba en 1858*, por Dionisio A. Galiano. La indignación con que hemos leído los párrafos que vamos a transcribir nos impide todo comentario por hoy. Allá van esas palabras en toda su salvaje y provocadora ferocidad:

«Sentada, pues, la premisa de que existen (en Cuba) dos partidos políticos de encontradas tendencias, su descripción se hace necesaria, empezando al efecto por el que todos a una conocemos por el partido español. Y sobre este mismo tema, permítaseme otra aclaración personal de todo punto inevitable. He prometido la verdad, según yo la comprendo, sobre el conjunto de la

Créanos, pues, el señor Reynals y dé muestras de ilustrado y sagaz, absteniéndose de proponer remedios para una situación que ya no los tiene. De todos modos, no escriba con manifiesta contradicción de cuanto ha dicho en esta cuestión que «Cuba es tratada como una población que acaba de

---

situación, empeñándome por consiguiente a dar muestras de completa imparcialidad, hasta donde me fuera dable obtenerla en mis juicios; pero esa promesa, a cuyo fiel cumplimiento me obligo de nuevo, no implica en manera alguna la profesión de una neutralidad imposible de alcanzar. No trataré, pues, de ocultar, ni tengo porque hacerlo cuando de ello me glorio, que pertenezco al partido español en Cuba; y que si alguna separación cabe señalar en su seno, mi puesto se encuentra entre las filas de aquellos que profesan las opiniones más ardientes y entusiastas. Bajo las banderas de este partido he servido, hasta donde la profesión del periodismo se roza con la política militante; y sus intereses y su gloria son el objeto de mis más fervientes votos, dado que por sustentarlos he trabajado con menos acierto quizá que otros, pero con un celo que a nadie le fuera dado superar. Nuestro común lema durante las recientes agitaciones obtuvo también mi deliberada adhesión, y he proclamado ¡¡¡QUE CUBA SERÁ AFRICANA O ESPAÑOLA!!! abrigando el firme propósito de realizar nuestras amenazas. Si el momento de crisis suprema hubiera llegado, se nos hubiera visto arrostrar con impavidez el último trance, y pelear hasta morir o vencer CON EL FUSIL EN UNA MANO Y LA TEA INCENDIARIA EN LA OTRA, Y CON LA TERRIBLE PALABRA DE EMANCIPACIÓN EN NUESTROS LABIOS!!!»

Y más adelante: «Si hasta el animal más débil y cobarde suele cuando se mira acosado revolverse contra sus perseguidores, bien natural parece que nosotros buscásemos en la hora de la ruina ¡¡¡EL SABROSO PLACER DE LA VENGANZA QUE CON TAMAÑA FACILIDAD SE BRINDA A NUESTRO ALCANCE!!!»

El señor Alcalá Galiano, autor de estas líneas, ha sido durante muchos años uno de los principales redactores del *Diario de la Marina de La Habana*, periódico favorecido si no estipendiado por el gobierno de la Isla, y uno de los principales corifeos del *partido español* en Cuba. El *partido criollo* sabrá atesorar esas palabras y obrar en consecuencia.

FIN

sujetarse con la fuerza de las armas»; que su administración «es un ejército acampado, su municipio una tienda de campaña, la provincia un cuartel de división, la administración de justicia una comisión militar»; que los tribunales, la Audiencia misma, «son como asesores del Capitán General». No diga, para vergüenza eterna de España, que los Capitanes Generales de aquella isla, «por hábitos y por tradición, por espíritu de cuerpo y por ordenanza han de aplicar al gobierno civil las teorías militares»; que cuando no tengan enemigos que combatir, «han de suponerlos, de fingirlos, y ya que no tengan guerra que hacer, habrán de hacer simulacros».

No indique siquiera «que el sistema que allí rige hace depender la posesión de la Isla de Cuba de la lealtad de un solo hombre, que obliga a la nación y al gobierno a ser cortesanos con el mismo, que fomenta los sentimientos de independencia y de rebelión, que sobreexcita el espíritu conspirador, que no permite tener amor a la patria española y obliga a los cubanos a forjarse en su imaginación otra opuesta a la misma». No imprima y publique éstas y otras mil lindezas que son cuando menos la justificación de cuanto ha aseverado el folleto que tanto ha combatido el señor Reynals. Y si la fuerza de la verdad le arranca esas confesiones, estámpelas como exposición histórica y filosófica del modo como se suicidan para siempre las nacionalidades, y no de manera alguna como fundamentos de una reforma que cuando llega tarde es ya impotente para hacerlas revivir.

La verdadera misión de los publicistas españoles consiste hoy, no en formular nuevos sistemas de gobierno, que por buenos y ajustados que sean en teoría, no pueden ya conservar a Cuba unida a España, sino en excogitar y proponer los medios de que su inevitable separación no destruya para siempre los vínculos de la tradición y de la consanguinidad, que aun después de verificada aquélla, pueden acarrear para el comercio, para la agricultura y para el mismo honor nacional ventajas de mucha consideración. Complete el señor Reynals el paralelo que inició entre la revolución norteamericana y revolución cubana. Pínteles a sus compatriotas peninsulares la prodigiosa prosperidad que han alcanzado los Estados Unidos y la Gran Bretaña después de consumada su separación política. Convénzalos de que su honor y su dignidad, así como su influencia moral y material, no están interesados en oponerse por más tiempo a la realización de una política fundada en la naturaleza misma de las cosas, y en altísimas consideraciones de derecho, de justicia y de interés universal.

Por lo que a nosotros hace, así al autor del folleto: *La Cuestión de Cuba*, como al señor Reynals su impugnador, diremos para terminar estas observaciones y aplicando al caso un pensamiento del ilustre Manin: «Los males de Cuba no son de aquéllos que pueden ser tratados con paliativos; la dominación española en ese país es como el hierro de la lanza clavado en la herida; es preciso quitarlo antes de emprender la cura. No es un gobierno, es un ejército acampado en país enemigo».

París, agosto 1859.

Libros a la carta

A la carta es un servicio especializado para

empresas,

librerías,

bibliotecas,

editoriales

y centros de enseñanza;

y permite confeccionar libros que, por su formato y concepción, sirven a los propósitos más específicos de estas instituciones.

Las empresas nos encargan ediciones personalizadas para marketing editorial o para regalos institucionales. Y los interesados solicitan, a título personal, ediciones antiguas, o no disponibles en el mercado; y las acompañan con notas y comentarios críticos.

Las ediciones tienen como apoyo un libro de estilo con todo tipo de referencias sobre los criterios de tratamiento tipográfico aplicados a nuestros libros que puede ser consultado en Linkgua-ediciones.com.

Linkgua edita por encargo diferentes versiones de una misma obra con distintos tratamientos ortotipográficos (actualizaciones de carácter divulgativo de un clásico, o versiones estrictamente fieles a la edición original de referencia).

Este servicio de ediciones a la carta le permitirá, si usted se dedica a la enseñanza, tener una forma de hacer pública su interpretación de un texto y, sobre una versión digitalizada «base», usted podrá introducir interpretaciones del texto fuente. Es un tópico que los profesores denuncien en clase los desmanes de una edición, o vayan comentando errores de interpretación de un texto y esta es una solución útil a esa necesidad del mundo académico.

Asimismo publicamos de manera sistemática, en un mismo catálogo, tesis doctorales y actas de congresos académicos, que son distribuidas a través de nuestra Web.

El servicio de «libros a la carta» funciona de dos formas.

1. Tenemos un fondo de libros digitalizados que usted puede personalizar en tiradas de al menos cinco ejemplares. Estas personalizaciones pueden ser de todo tipo: añadir notas de clase para uso de un grupo de estudiantes, introducir logos corporativos para uso con fines de marketing empresarial, etc. etc.

2. Buscamos libros descatalogados de otras editoriales y los reeditamos en tiradas cortas a petición de un cliente.

LK

www.ingramcontent.com/pod-product-compliance
Ingram Content Group UK Ltd.
Pitfield, Milton Keynes, MK11 3LW, UK
UKHW042009190726
13854UKWH00005B/2220

9 788411 267953